JN055038

最新の "美しき韓国" を知る

韓国美容で12歳若返る

みよこ明洞

本書を手に取っていただきありがとうございます。

はじめまして、みよこ明洞こと、草薙美代子と申します。

1967年生まれ、2023年で56歳になりました。

私が韓国にハマったのは、韓流ドラマ『冬のソナタ』がきっかけです。

韓国には日本で出会ったことのない美容法があり、本当にいろいろな体験をし、韓国に魅せられた1人です。

韓国に訪れるようになって、1年間で13キロの減量に成功したんです。それが韓国美容って素晴らしいなと思ったきっかけです。

韓国の美容の考え方は"結果第一主義"なので、すぐに「整形するんでしょう？」と思っている人も多いでしょうが、私は整形未経験です。整形手術も数ある美容法のひとつにすぎません。

韓国も日本と同様、「肌管理」と「インナーケア」は基本なのです。

韓国の美容のモットーは、男女ともに「清潔感」。意外かもしれませんが、韓国を代表する俳優ソン・イェジンやヒョンビン、世界をリードするBLACKPINKやBTSも、独自の色気の中に清潔感がありますよね。どれだけドラマの中で肌を見せても、セクシーなダンスで踊っても、絶対に下品にならない。

それは"肌や髪のツヤ"があるからだと思うんです。だから、日本人である私たちも韓国美容を上手に取り入れれば、今よりキレイに、若返ることはできるのです。そのためには肌管理だけではダメ。メイクやインナーケアなど少しずつ韓国美容のいいところを見習い、積み重ねて総合的にボトムアップする必要があります。

本書は渡韓200回以上の私がお伝えする、韓国美容の手引書になります。タイトルの"12歳若返る"とは、56歳の私が決して44歳になれるわけではありません。でも気持ちは40代前半にいつでも戻れちゃう！　それだけ韓国美容に"ときめき"を感じています。

自身のコンプレックスをまずは自覚して韓国美容に興味をもっていただき、読んだ方々がキラキラした"ときめき"、イキイキとした"若さ"、ツヤツヤとした"肌"を手に入れてキレイになってもらえたら、こんなに幸いなことはありません。

アンニョンハセヨ

みよこ明洞です。

CONTENTS

※商品が品切れの際はご容赦ください。また、パッケージの変更や製造中止になることもあります。
※価格はすべて税込です。また、送料などがかかる場合もありますのでご注意ください。
※2023年9月24日現在の価格です。商品の価格は改定となる場合がございます。
※基本は日本で購入できる場合は「円」で、韓国で購入したものは「KRW（ウォン）」で表記。
　1,000ウォン（KRW）は約111円です（2023年9月24日現在）。
※一部、「本人私物」に関しては著者が購入した際の金額で表記しています。
　日本で購入できないわけではありませんが価格が大きく異なる場合もありますので、
　目安として考えてください。

1章

肌管理で**5**歳若返る

韓国の最先端技術や成分の中から
厳選した、私の愛用品を紹介します。

オーバー 40 は美容皮膚科で肌管理をしてもらうべき！

　韓国に行く人によく聞かれることのベスト３に入るかな？　年中、聞かれるのが「みよこさ～ん、おすすめの美容皮膚科ってどこ？」ということ。

　その人の年齢や肌悩みによって異なりますが、私が今おすすめしたいのは、整形を薦めない美容皮膚科で有名な、狎鴎亭にある<ruby>リノボ クリニック<rt>アックジョン</rt></ruby>です。私は渡韓するごとにそこで**肌管理**※をしてもらっています。渡韓は、リノボクリニックに行くためといっても過言ではありません(笑)。

　まぁ、加齢もありますが、コロナ渦でマスク生活になり、肌がたるんできたわけですよ。そのたるみをどうにかしたくて、今回は伺いました。

　私がやってもらっているのは「インモードFX ＋フォーマ」(年齢を戻せるような効果のため、私は「リバースレーザー」と呼んでいます)。特殊な波長のレーザーで、肌の表皮層、真皮層、SMA 層を順番に引き上げてくれます。ハリウッドセレブもやっているケアなんです。

　我慢はできる程度ですが、はっきり言って、熱いし、１週間ぐらいは真っ赤や紫の歌舞伎メイク顔になるので、受ける日にちも重要。

あとは、顔にボヨヨンとお肉がついていて顔を引き締めたい方は、「シュリンク・ユニバース」もおすすめ。こちらは痛みがなく施術時間も短いので、いつでも受けたいと思う施術です。このクリニックのなにが素晴らしいかというと、院長自ら執刀してくれる点です。クリニックによっては、カウンセリングだけ院長が診て、施術はナースや新米医師が行うクリニックが多いでしょ？　その点では安心です。さらにソウル在住の日本人スタッフがしっかりとした通訳やサービスを行ってくれるので心配もいりませんよ。

※　レーザーや注射など美容皮膚クリニックでスキンケアを行うこと。

先生、私、ハリが欲しいんです！

#美容皮膚科　#日本語 OK

リノボクリニック
ソウル特別市江南区論峴路 841 JB ミソビルディング 5F
📞 02・593・1356　　休日、祝日　　📷 @renovojp　　💬 @renovojp
📋 インモード FX ＋フォーマ（麻酔、鎮静パック込み）275,000 ウォン
　　シュリンク・ユニバース（400 ショット）330,000 ウォン

肌管理で5歳若返る

肌───── とにかく乾燥がひどいんです

洗顔を変えたら、
みるみる乾きにくい肌に！

　年齢を重ねて、私も乾燥には悩まされていました。お風呂に浸かると、このまま「自分の全身の水分が抜けちゃう？」って思うぐらい乾いちゃって。なので、バスタオルと同じ場所に化粧ミストを置いて、お風呂から上がったらすぐに全身に吹きかけていたんです。

　あるとき、韓国の医師に洗顔を変えるように言われたんです。私は思いました。「なんで洗顔？　クリームとか美容液を薦めてよ(怒)」と。でも、騙されたと思って使ってみたのです。

　それが、エルツティンのロータスクレンジングジェル。

　これがびっくりするほどよかった。クレンジングジェルとしても使えますが、洗顔用にも使えて、水を加えると、繊細なシルクのようなモッコモコの泡ができるんです。泡を作るのが面倒くさいという方もいますが、私も使っている100円均一ショップで買った泡ネットで構わないので泡ネットはぜひ、使って！

　話が逸れましたが、プラスして、保湿や自浄作用のあるロータスから抽出したエキスがたっぷりなので、"与えるケア並"に配合されていることもポイントです。

　それで肌を優しく撫でるように洗顔を続けたら、な

んと1カ月後には、お風呂から上がって、バスタオルで全身を拭いて、パジャマを着た後でも、肌が乾燥していない。「え？　そんなに凄いこと？」って思うかもしれませんが、50歳以降は1秒1秒で肌運命が低下していきます。パジャマを着た後にスキンケアをゆっくりできることがどれだけ凄いことか、50歳以降の人ならばわかりますよね(笑)？

miyoko's recommend

#乾きにくい肌へ　#洗顔　#クレンジング

まずはクレンジングジェルとして使用後、2回目は水を加え、モコモコの泡にして使用するのがみよこ流。

ロータスクレンジングジェル 200mL 3,520円（エルツティン／ https://arztin.co.jp）

朝の洗顔は洗顔料を使う方が大人の肌にはベター！

──────

「朝は肌、汚れてないでしょう？」といって、チャチャっとぬるま湯で洗顔する人も多いと思いますが、古い角質や過剰な皮脂、ベッドのホコリなど、睡眠環境下は肌に悪影響がいっぱいあると言われています。

　特に夜に水分を閉じ込めるために使ったクリームや乳液の油分は残っていると酸化して毛穴を詰まらせ、黒ずみ、ポツポツ毛穴の原因にもなるため、私の見解では、洗顔料は"使うべき"だと思っています（敏感肌に傾いて、使えない場合を除く）。

　ただし、洗顔料やフォームでより敏感になる場合もあるので、肌に優しい洗顔料を使うのがベスト。特に大人の肌はゆらぎがち。肌を"高いお皿"と思って接することが重要です。私は"つっぱり"があるかどうかを基準にしています。少しでもつっぱりがある場合は、即座に使用をやめます。

　おすすめはラゴム。珍しい、朝の洗顔用の泡立て不要の洗顔剤です。泡立て不要だと、摩擦はどうなるの？と思いますよね？　でもこちらは肌に優しく伸ばすと軽い感触とともに水のようなテクスチャーに変化。ハイ、これで終了。

　本当にマイルドなんです。ただ、すすぐ際に、シャ

ワーを直接当てるのは、刺激が強すぎるのでご法度（さらに肌の荒れの原因になってしまいます！）。できるだけ、優しく、肌になるべく触れないように水だけ当てましょう。もちろん、洗顔後、顔を拭くのもガサガサなタオルは使用しないように。

　朝の洗顔を1分間だけ丁寧にするだけで、本当に肌が変わることを実感しますよ！

#朝洗願　#アクアリシア　#時短
夜の間に肌に浮き出た皮脂や不要な角質をしっかりと浮き上がらせてオフする、ぷるんとしたジェルタイプの朝用洗顔料。
ラゴム ジェルトゥウォーター クレンザー（朝用洗顔）220mL　2,310円（ラゴム／ https://lagomcosmetics.jp）

シカ成分の次は
ドクダミエキスよ！

　私が最近、注目しているのはドクダミエキスです。古くから薬草として用いられてきた歴史があり、十薬という漢方薬の原料として用いられています。

　韓国では、一世を風靡したシカ成分の次は、ドクダミエキスと話題になっているほどです。

　整肌成分であるドクダミは、肌荒れを防いでキメ細かな肌に導いてくれる効果が期待されています。

　そのほかにも抗シワ、抗酸化、美白などにも効果があるそうです。こんなに肌に効果があるのに、他の成分よりも比較的、リーズナブルな価格帯で、大容量でコスパがいいのが魅力です。

　その中で、私が気に入っているのは、弱酸性トナーで肌のバランスを整える Anua（アヌア）のドクダミ化粧水「ドクダミ 77% スージングトナー」です。

　数字を見ればわかるように、77%が天然のドクダミエキス。赤ら顔、吹き出物、ニキビのできている人には、鎮静効果もあり、さらに保湿効果もばっちりだそうで韓国の芸能人も愛用しています。私も使いましたが、ちょっとした吹き出物ならば翌日には鎮静してくれる優れもの。まさにスージング（＝肌をなめらかにする）ことに長けた化粧水です。ドクダミってニオ

イが強くて苦手という人もいますが、この化粧水は無臭なんです。ドクダミのほかに人気の整肌成分のシカ、保湿成分のヒアルロン酸 Na なども配合しているんです。

　私は、顔だけではなく、全身に化粧水を塗布しています。だから 250mL の大容量はうれしい限りです！

miyoko's recommend

#ドクダミエキス　#しっとり　#家族で愛用

とろみのあるテキスチャーですっとなじむ化粧水。自然由来成分ドクダミエキス 77% 配合。

アヌア ドクダミ 77% スージングトナー 250mL 2,950 円（ザファウンダーズジャパン／ https://anuashop.jp/）

4枚のトナーパッドを朝ケアに追加しよう！

　私の周りには美容家の方や美容好きな子が多く、集まれば、美容の情報交換の日々です。

　とある肌のキレイな美容家に聞くと、**朝晩、シートマスクをしている**そう。素晴らしい！　でも、残念ながら、私にはマネできません。

　私もシートマスクは、毎晩頑張ってしていますが、朝はシートマスクをする時間がない！

　シートマスクをしていても「手ブラだからなんでもできる」というマスクのプロもいますが、やっぱり人と話せないし、飲食も難しい。あと、髪の生え際とかがベチャベチャになるじゃないですか？　そうすると、ヘアのお直しにも時間がかかり、結果、朝はマスクをするのが面倒に。

　そんな人におすすめなのが<u>トナーパッド</u>。丸い形状なので頬に1枚ずつ、あごと額に1枚置いておくだけでOK。もちろん、話せますし、飲食も可能です。シートマスクほどの密着力はないかもしれませんが、十分、水分チャージができます。

　おすすめは、<u>Sumano（スマノ）</u>の<u>バランシングエッセンスマスク</u>。何がいいって、まったく乾かないんです。普通のトナーパッドが5分ぐらいで乾くとした

ら、Sumano は 15 分以上乾かない。

　今となっては韓国でも売っている場所が少なく、オリーブヤングには置いていないので、韓国版セフォラ」と呼ばれている、新世界百貨店プロデュースの「CHICOR（シコル）」や通販が購入するのが無難かもしれません。私は「朝はトナーパッドで、夜はシートマスク」。これで十分だと思うのです。

miyoko's recommend

#トナーパッド　#シコル　#朝ケア　#集中ケア

エルダーフラワーウォーターやひまわり種子油などが含有。角質層までしっかり浸透してうるおいをプラス一日中乾燥知らずに。

Sumano バランシングエッセンスマスク 150mL　5,073 円（本人私物／参考価格）

40代以降におすすめの
発光美容液、教えます

50歳を迎えると"肌の澱み"や"くすみ"を感じます。なんとなく、使い古されたタオルのような肌になっていくのを実感します。そんなタオルは"とにかく漂白しなきゃ"って思いますよね。肌も一緒だと思うのです。

私が出会ったコスメの中でナンバー5に入るほど素晴らしかったのが、フロムネイチャーのエイジ インテンス トリートメント ラインです。

こちらには、麹を仕込む職人の手がキレイで弾力があることから着目され、麹に含まれる多くの酵母の中から発見された「ガラクトミセス」成分が高濃度配合されています。どこかで聞いたフレーズですが、これを使うと透明感が増して、とにかくツヤ・弾力のある肌に戻ります。

ガラクトミセスは天然の麹発酵酵母の一種から作られる抽出物で、不要な角質を除去するのをサポートし、保湿、弾力を取り戻す効果があるんですよ、と言われたのを覚えています。この成分は価格が高く、一般的には高級化粧品の原料として使用されていますが、エイジ インテンス トリートメント ラインの全アイテムに高い配合率で含まれています。

ライン使いしても1万円でお釣りがくるのですが、もし、ツヤ肌のために試しに使ってみたいというならば、下の「アンプル(美容液)」と「フェイシャルマスク」（P41参照)が私の推し。輝くほどの肌になるのに、この価格は破格すぎ。さすがは、フロムネイチャー！と思うほど効果を実感します。

　これは自宅にストックしてある優秀アイテムです。これも友達におすすめすると、みんな購入し、"やだっ、もう1セット買っておけばよかった"って言ってくれる評価の高い化粧品です。

#アンプル　#ガラクトミセス配合

ガラクトミセス培養液70%配合のマスクと72.6%配合のアンプル。自然にツヤめく、うるおい肌へ。

エイジ インテンス トリートメントアンプル 30mL 1,680円（フロムネイチャー／ http://efromnature.jp/）

美容医療にかかったら、大事なのはアフターケア

シミ取りは１回では済まないことがほとんど。たとえ、表面のシミが取れても、肌内部に潜在シミが表面に上がってきたり、ほかの場所からもシミは必ず出てきてしまいます。ただ、韓国のレーザーは、パワー出力が強く、一度に表面にあるシミをすべて取ってしまうことが主流。だから、日本のクリニックでシミ取りをした方は、韓国の施術を受けると、刺激や痛みを感じることも多いかもしれません。

ただ、私が気になっていることは<u>みなさん、あまりアフターケアしないこと</u>です。韓国の友人たちにもよく聞かれます。

韓国では「レーザー＋アフターケア」は１セットなので、絆創膏だらけの顔で歩いていても全然へっちゃら！　でも日本で絆創膏だらけで街を歩いていたら、振り返えられるほど驚かれます。だから、施術後、紫外線に当たってはいけないのに、恥ずかしくて絆創膏を取ってしまったり、日焼け止めをしっかり塗らなかったりして、施術を繰り返すことが増えるんではないでしょうか。

<u>アフターケアとは鎮静することが重要</u>だと思っています。あんなに強いレーザーなどを使って肌を鎮静し

ないなんてありえません。私が愛用しているアフター
ケアのお供は、**韓方の生薬がたっぷり配合された「ハ
ニスル」のアンプル**。ここのアンプルをレーザー治療
や顔の赤みがあるときに使うと、翌日なかったこと
に！と言い切るのはオーバーですが、鎮静効果に優れ
ていて、これはリピ確定の逸品です！

#アフターケア　#鎮静

肌のバリア機能をサポートしながら美肌に導く美容液。

レスモア MO-A アドバンスドアンプル 50mL　120,000 ウォン（ハニスル／ https://en.hanisul.
co.kr/）

美容皮膚科が作った
再生クリームは乾かない！

日本でもすっかり浸透した「再生クリーム」。

肌の再構築を目指す、クリームです。

細胞の修復を手助けする成分 EGF（上皮細胞成長因子）※ が入っており、皮膚科でもレーザー治療後などのダメージを受けた肌に処方されています。私は毎日、この「再生クリーム」で蓋をします。なぜなら、再生クリームを使うと、肌の調子がすこぶるよくなるから（みよこ持論）。

私が再生クリームを知ったのは、明洞にあるアビジュークリニックのシルククリームに出会ったことがきっかけ。これはかなり有名なので、知っている人も多いのではないでしょうか。

シルククリームは肌専門医たちが商品開発に参加して施術後の肌のために作られたもの。だから、肌のダメージが多いときや、肌が敏感なときでも安心して使うことができます。

シルククリームの他もあらゆる再生クリームを何種類も試してきましたが、今、私が愛用しているのは、ロダム韓方クリニックの「バイロダム リペア ゴールドライン の再生クリーム」。

ロダムは韓医学と西洋医学が融合したクリニックで

ニキビ治療でも有名。こちらが作った、再生クリームにタマネギの抽出成分「スピレオシード」を配合。このスピレオシードは肌を細胞レベルから再生すると言われ、韓国のコスメ業界では今注目の成分。もし、ロダム韓方クリニックに行った際にはこちらのクリームもお忘れなく。

　今ではドラッグストアでも再生クリームはたくさん置かれていますが、私はクリニック処方の再生クリームを強くおすすめします。なぜなら、もともとは肌の治療後に塗るために作られたものだから、医師たちが開発した再生クリームのほうが肌にいい成分だと思いませんか？

※ EGF はタンパク質の一種。人が本来持っている細胞の再生を促します。

miyoko's recommend

#肌再生　#保湿クリーム　#タマネギ抽出成分　#日本発送

次世代再生成分のタマネギ抽出と、シカ成分配合。タマネギに多く含まれるスピレオシード成分は細胞レベルから肌の再生を促す、今もっとも新しい成分。

バイロダム リペア ゴールドライン 再生クリーム 40mL 4,800 円（バイロダム／ http://skin-skin7--rodamjp.cafe24.com/）

冬は超強力保湿クリームが必須です！

　ベタついたり、皮膜感がちょっと……と保湿クリームを敬遠して乳液を使う人がいますが、**40歳を過ぎたら、クリームは必須**だと個人的には思っています。なぜなら、クリームを塗っていないと、**肌は硬くなっていき、エイジングを加速させてしまうこと**になると韓国の皮膚科医から警鐘を鳴らされたことがあります。

　はっきり言っちゃいましょう。保湿クリームを塗る習慣がないと、シミ、シワはどんどん増えていきます！（みよこ持論）。50歳になるとシミ、シワだけではなく、肌のハリや弾力が低下して、肌がこけて見えることも。さらに女性ホルモンの低下や紫外線の影響で肌の保護機能が低下してしまうので、鉄壁のクリームが大切になるのです。化粧水や美容液の後にクリームで蓋をすると、上質な保護膜ができ、密度の濃いハリやツヤのある肌に。残念ながら、乳液では私たちの肌には足りないのが事実。

　"粉が吹くほど"というのは、真冬だとしても、よっぽどのことでしょう。そんな方におすすめしたいのが、**Huxley（ハクスリー）のモアザン モイスト**です。

　ハクスリーはサハラ砂漠に原生するサボテンのシー

ドオイルを使用しているブランド。

『ヒーターを消すか、ハクスリーを使え！』と、強気なキャッチコピー。バタークリームのようなテクスチャーなのですが、するっと伸びて水分を肌から逃がさない、"キャッチコピーも納得の"保湿力を感じます。そしてグリーンの香りが心地いいの。<u>サボテンのシードオイルは高保湿だけではなく、鎮静効果が高いエキスなので</u>大人の肌にぴったりです。冬支度の際には、私のスタメンになる濃厚クリームなんです！

#サボテンシードオイル　#乾かない　#冬支度前に

濃厚な質感で、ハリある健康的な肌を保つ高保湿クリーム。

ハクスリー クリーム　モアザンモイスト 50mL 4,180 円（NMA Japan ／📞03・5050・2344）

スリーピングマスクがあれば、一夜で肌は回復します！

　30代の肌は、寝れば、翌日に回復します。

　40代の肌になると、回復には1週間かかるようになります。

　では、50代になると肌はどうなるでしょう？　回復どころか、その悪い状態が続き、放っておくと、回復する前の状態に定着してしまいます。

「肌が疲れている」、または、「肌にダメージを与えてしまった」と思ったら、即、肌を甘えさせるような贅沢ケアを取り入れてあげましょう！　それをするか、しないかで回復力が変わる気がするのです。

　肌の回復のために私が愛用しているのは、エルツティンのプレステージ Ex スリーピングマスクです。

　韓国の美容皮膚科「アビジュークリニック」から生まれたメディカルスキンケアブランドです。

　このマスクは実際に韓国ではレーザーなど施術のあとのケアに使われています。レーザーをしたことがある人はわかると思いますが、施術後はできるだけ刺激のないもので、なお栄養を与えなければなりません。

　こちらは、濃密なエネルギーがギュッと凝縮されたカプセル状でゴールドに輝く水分ゲルでできたマスク。

　これをひとつ手に取って、潰しながら、顔全体に優

しく塗布して寝ると、翌朝、もっちりとしたハリと弾力、輝きの肌に……。

　通常は週1～2回でいいそうですが、私は、肌が不調の際にはこのマスクを4～5回、連続で使っています。大切なイベントの前に使うと、肌がプリプリになりますよ。このスリーピングマスクは日本の友人に紹介すると必ず、「あれは凄かった！」って喜ばれます。私の手放せないアイテムです。

miyoko's recommend

Prestige Ex Sleeping Mask

#カプセル状　#スリーピングマスク　#睡眠中に集中ケア ─────

低分子コラーゲンとイデベノンリポソームをたっぷり配合。肌をコアから鍛え、もっちりと跳ね返すような若々しい肌へ。

プレステージ Ex スリーピングマスク 110mL 12,500円（エルツティン／ https://arztin.co.jp）

化粧品よりもレーザーが有効。5年に一度は一網打尽に！

シミといっても日光黒子（老人性色素斑）や幼少期からみられるソバカスや、ホルモンバランスの崩れが関係する肝斑（かんぱん）もいろいろな種類があるのでなんともいえませんが、肝斑以外のシミには、レーザーを薦めます。肝斑はホルモンの崩れが大きな原因なので、レーザーをするとかなり悪化してしまうそうなので、レーザーではなく微弱パワーの「レーザートーニング」を。だって**肝斑は「はい、消えました」みたいな魔法はかけられないでしょう？** レーザーをやってもまた出てくる可能性はありますもんね。ですから、まずはシミを一網打尽にした方がやっぱり早いと私は思うのです。シミが少ない私も5年に一度はレーザーでシミ取りを行っています。

ただ、50歳を過ぎると、シミというより、肌の色ムラがとても気になってきます。私は肌のくすみや色ムラをきれいにするだけで、意外とシミも目立たなくなると思っています。

ソウルから3時間ほどの釜山にある「**SHE'S 整形外科**」で見つけた、スーパーブライトニングマスクがあります。**その名も「ビタマスク」**。

キム・ギョンホ先生は人柄も素晴らしく、このビタ

マスクの良さを誰よりも知っている方です。このビタマスクを１回行っただけでワントーンどころか、２〜３段階、上がるんですよ(みよこ持論)。優しいのにパワフル。翌日、絶好調の肌にするために、夜、マスクをするのもいいですが、私の場合、これに限っては朝がおすすめ。マスクを外した時に、肌がトーンアップするから、一日中、くすみを感じないんです。さらに、<u>１カ月これでケアすれば、色ムラもくすみも「あれ？なくない？」と思うほど効果を感じられます</u>。こちらはクリニックに行かないと購入できない希少なものなので、釜山に行く際にはぜひ、寄ってみてくださいね！

miyoko's recommend

VITA - C **13** MASK

MERIKIT

#釜山　#ドクターズコスメ　#発光シートマスク

SHE'S 整形外科

釜山市中区光復洞光復路 73

📞 整形外科 051・710・0788　　㊡ 日曜、祝日、公休日　　📷 shesps

純粋ビタミンＣアイコビ酸が含まれたシートマスク。ビタＣマスク 25g × 5枚 33,000 ウォン

（SHE'S 整形外科 / https://www.shesps.com/jpn/）

もしかして施術と同じ⁉
"コロコロ"で再生ケアを！

　お家にいても、韓国の美容皮膚科さながらの施術が受けれる、そんな夢みたいなセットがあります。

　前ページにも載せた、SHE'S 整形外科から発売されているホームケアキットオリジンブラックラベルです。

　SHE'S 整形外科には、人気のホワイトニング施術「ホワイトニングレーザー + IPL、またはトーニング」を受けに世界中から患者様がくるそうです。この時にトーンアップとホワイトニング効果に優れたオリジンという成分を注入していきます。この施術は１回450,000 ウォン……なかなかの金額ですよね。

　１回の施術の効果をより長くするために、院長自ら考案したのがオリジンブラックラベル。

　臍帯血幹細胞の培養液 50 ％が含まれているので、翌日には驚くほどハリ、弾力、トーンアップ、毛穴の引き締まりまで感じられます。もちろん、クリニックの施術との併用のほうが効果は抜群ですが、施術に行けなくてもこれを使えばクリニック並の再生ケアが自宅でできるのは間違いないの。

　個人差はあると思いますが、多少のヒリヒリ感や赤みが出る場合もあります。今まで私が使ったローラー

タイプでは最も効果を感じました！

　世界的パンデミックでステイホームが続いたときは、私の肌の救世主となったといっても過言ではありません。今でももちろん、家には常備しており、たまに肌の調子がイマイチのときはコロコロしています。なかなか韓国に行けない人はもちろん、クリニックの施術が怖い人や効果を実感できるホームケアをお探しの方、とってもおすすめですよ！

#ブライトニング　#日本ＥＭＳ配達　#おこもり美容

SHE'S 整形外科

釜山市中区光復路73

📞 整形外科 051・710・0788　　㊡日曜、祝日、公休日　　💬 shesps

MTSローラーで、肌の奥まで栄養を届けるオリジンスキンブースター。臍帯血幹細胞の培養液50％配合で、ブライトニング効果はもちろん、弾力とシワの改善にも！

オリジンブラックラベル 165,000 ウォン〈EMS 配送料別〉〈SHE'S 整形外科／ https://www.shesps.com/jpn/〉

スマホ首・二重あごには
"かっさローラー"で毎日ケアを！

───────

　スマホでうつむいた姿勢。本当にダメだって百も承知だけど、ネトフリ見たり、SNS 見たりしちゃいますよね。

　これを長時間続けると、頭が前方に出るストレートネックに。首が本来の位置より前に出るため、骨が縮まって、首のシワが増えたり、顔の下半身がたるんでいきます。

　首のシワや二重あごのもたつきって本当に気になりますし、写真を撮った際に「ゲッ、すごい二重あご」って思うこともありませんか？

　あご周りやネックも大人は毎日ケアが重要です。ケアしないとシワはどんどん深くなる一方。そんなお悩みの方には1日1～2分だけでいいので、肌の弾力を取り戻す、デイリーケアを取り入れてほしいと思っています。

　ビウォンツのシカコラーゲン　リフティングクリームと CKD のレチノコラーゲン低分子 300 ネックカッサクリームは、かっさローラーのついたクリーム。どちらか1品でいいです。ひんやりしたローラーがあごからリンパを流すのに気持ちよくて、つい何往復もしたくなりますが、ほどほどでいいので毎日の習慣にし

ておきましょう。目周り、ほうれい線から、あご、首など気になる部分にも使えるのでローリングをさせてね。

　1カ月ほど経つと、「あれ？ちょっと変わった？」って思い、2カ月ほど経つと、「ヤダ、痩せた？」って思うからびっくり（みよこ持論）。諦めるのはまだ早い。みなさん、**継続は力なり**ですよ！

miyoko's recommend

#二重あご　#ネックケア　#かっさローラー

右／カッサとクリーム一体型タイプでひんやりマッサージケア。肌にハリと弾力を与えます。首元にも使えて、長時間潤いが持続。

CKDレチノコラーゲン低分子300 ネックカッサクリーム 40mL 3,800円（本人私物／参考価格）

左／かっさローラーが顔のラインにフィット。鎮静させながら、リフティングを叶えるジェルクリーム。

ビウォンツ　シカコラーゲンリフティングクリーム 50mL 4,200円（本人私物／参考価格）

韓方エクソソームの注入で さよなら、毛穴・くすみ

　美容通の韓国の友人に聞いたら、韓国美容のトレンドは、光治療を使わず、肌を活性していくことだそうです。光治療やレーザーのやりすぎは「ビニール肌（ビニールを張ったような肌）」につながるとも言われているそう。確かに1年に何度もレーザーや光治療を繰り返すと、不自然なテカテカとしたツヤが出ますよね。

　そんな友人が薦めてくれたのが、肌再生に特化した韓方クリニックの<u>メディカル オー</u>。

　狎鷗亭駅から徒歩6〜7分の距離にあります。まず、こちらのスゴイところは、合成化学成分を一切使用せず、自然から得られた天然物だけで構成されている点。人体適合性が優れた安心・安全なフェイスリアクター（メディカル オーと12の機関が共同で開発した特許成分）を完成させたところ、肌自体が免疫力を回復し、慢性的な炎症性疾患や血管問題に優れた効果を証明できたそうです。

　その人の悩みに合った韓方<u>エクソソーム</u>※を顔に注射で注入していくのですが、毛穴やニキビ痕はもちろん、シワ、美白など、さまざまな肌のトラブルに対して、エクソソームを駆使して注入していきます。

　はじめて漢方エクソソームをたっぷり注入しまし

た。顔に注射をするので「痛くない！」とはいえません。私は我慢できましたが、人によっては悶絶するほど痛みを感じる人もいるでしょう。あと、内出血や腫れなどダウンタイムは2日~1週間はあると思ってください（私の場合は次の日にファンデで隠れる程度の内出血でした）。日本に帰って来たら、何人かの友人に「何かした？　肌が明るくキレイよ♡」と褒められました。次に渡韓した際も、もちろん、また施術をしようと思います！

※人間の体内の細胞から分泌されており、人間の約200種類もの細胞間の情報伝達を担っている物質のこと。

手をグーにして痛みをガマン!!

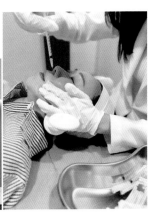

#毛穴も美白もニキビ跡も　#エクソソーム　#日本語対応

メディカル オー

ソウル特別市江南区論峴路820 JCビル4F

📞 02·515·1073　　㊡日曜、祝日　　💬@512biqsz

📋 フェイスリアクタープログラム（ベーシック）440,000ウォン（初診は1時間30分ほど）

クマ悩みの方は「脱脂」をする前に、目周りの筋トレを！

　軽度の目の下のたるみ、影グマ症状には"脱脂施術"がおすすめと韓国で言われて10年ぐらいでしょうか？　10年前、仕事で韓国に行った際に、10歳ほど目上のおじさまが脱脂施術をやって、ものすごく若返ったことを鮮明に覚えています。脱脂とは下まぶたの裏側からメスを入れて目の下の膨らみの原因である眼窩脂肪を取り除くという手術です。日本では美容クリニックで「脱脂、脱脂」と注目されてから、2～3年ですかね？

　私は脱脂をしたことはありませんが、よく「韓国好きなんだから、整形しているでしょう？」とか「整形のために韓国に行っているんでしょう？」と聞かれますが、実は整形は未経験者。理由はひとつ、メスが怖いから。ただ、韓国の医師に目の下のクマのことを相談したことがあります。

　目の下のクマやたるみの原因はいろいろありますが、大きくは寝不足・ストレスなどによる血行不良が問題だから、まず、「目もと専用のセラムやクリームを使って」と医師に言われました。私は「顔全体に保湿クリームを塗っているのに、なぜ、目もとにまたクリームを塗るの？」と質問したところ、目もとという繊細な部

分に塗るため、保湿クリームよりもさらに油分などが
リッチに配合されているからとおっしゃっていました。
　あとは、目の周りの筋トレが有効だそうです。
　美容皮膚科の医師というと"すぐに切ったり、貼っ
たりするんじゃない？"って思っている方、それは間
違いです。まずは自力でできるものを教えてくれます。
目もとのマッサージを教えてくれる医師もいます。そ
の時に教わった目もとの筋トレは次ページをご確認く
ださい。それ以来、私は目もと筋トレを取り入れるの
がmyルーティンとなりました。

miyoko's recommend

#アイケア　#ハリ弾力 ─────────────

右／目もとにハリ弾力を与えるアイクリーム。目もと以外にも、口元や首のしわなど気にな
るところにも使える。バイオヒールボ独自成分が、弾力のあるハリツヤ肌へ。

BIO HEAL BOH　プロバイオダーム リフティング アイクリーム 30mL × 2本 3,960円（フードコス
メ／ info@foodcosme.jp）

#アイケア　#特殊ボール　#ハリ弾力 ─────────────

左／竹のエキスを採用。目の周りをアプリケーターで指圧をするようにマッサージすると、
ハリのある目もとに。

フィトコラーゲンアイセラムスティック 15g 3,300円（本人私物／参考価格）

みよこ式 目の筋トレ法

PART 1　ウインク運動

>>

まずはウインクを左右 10~20 回ずつ行います。
頬が動かないようにするのがポイント！

PART 2　上下右左運動

>>

次に顔を動かさずに視線を上へ。

次に顔を動かさずに視線を下へ。

>>

次に顔を動かさずに視線を右へ。

最後は顔を動かさずに視線を左へ。

1日それぞれ 10~20 回。慣れてくれば、たった 5 分以内で終わります。私は韓国の医師に聞いてから、毎晩、お風呂で行っています。眼瞼下垂やまぶたのたるみ予防にもなりますよ！

PART 3 回転運動

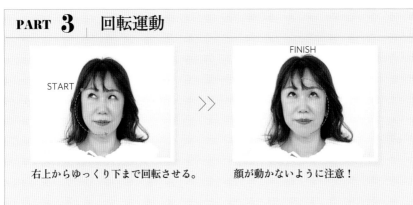

右上からゆっくり下まで回転させる。

顔が動かないように注意！

PART 4 グーッ・パー運動

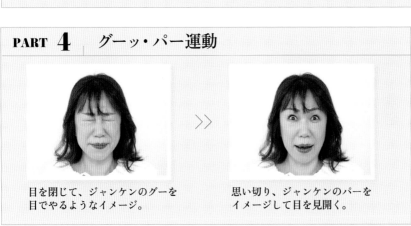

目を閉じて、ジャンケンのグーを目でやるようなイメージ。

思い切り、ジャンケンのパーをイメージして目を見開く。

太鼓判の
"べっぴんマスク"12選

肌荒れ　#CICA　#エッセンス

ドクタージャルト

シカペア カーミング セラムマスク

[ドクタージャルト] https://www.instagram.com/drjart_jp/

肌荒れを防ぐツボクサを配合したエッセンスマスク。揺らいだ肌も落ち着く！

01

748円

> 肌荒れのときはマスト！
> 密着感も言うことナシ！

乾燥対策　# 乳酸菌　# 保湿重視

魔女工場（マジョコウジョウ）

ビフィダ バイオーム アンプルシート マスク

[魔女工場] https://manyocosme.jp

肌本来の力をサポートする乳酸菌マスクで乾燥などに負けない肌に。

02

275円

> 保湿重視派に！
> 肌に栄養をチャージしたい時に

保水　# ヒアルロン酸　# 保湿重視

Jmsolution

H9 ヒアルロニック アンプルマスク アクア

[サン・スマイル] https://sunsmarche.jp

9 種の濃厚ヒアルロン酸エッセンスをたっぷり配合。乾いた肌もすぐにうるおいのダム！

03

（5枚入り）1,100円

> まるで "ヒアルロン酸の雨"
> 潤い不足の肌に降り注ぐ！

ツヤ肌　# 朝マスクに　# ゆず配合

VT

VT シカ バイタル マスク

［VT COSMETICS］☎03-6709-9296

0.15mmの極薄マスク。ビタミンC を含むゆず配合。ツヤ溢れる透明肌に！

04

（30枚入り）2,420円

> 朝マスクはコレ！液垂れせず、
> ワントーン明るい肌に！

保水　# ヒノキ水　# ドクダミ

numbuzin（ナンバーズイン）

1 番 ヒノキ水 81% シートマスク

[Benow] https://numbuzin.jp

済州島産ヒノキを採用。たった 1 回だけで翌日うるおい溢れる肌へ。

05

1枚 290円
（4枚入り）1,090円

> たった 1 回でツヤ玉！
> 常にストックしています

応急処置　# クーリング　# サウナ後にも！

numbuzin（ナンバーズイン）

4 番 ひんやりクーリングシートマスク

[Benow] https://numbuzin.jp

冷蔵庫から取り出したかの冷感で、敏感で火照った肌をクーリング！

06

1枚 290円
（4枚入り）1,090円

> 真夏やサウナの後に！
> ひんやりと鎮静してくれます

実際に私、みよこが試して、家に常備している"べっぴんマスク"をご紹介！
お土産にも、自分のご褒美にも！
「老けないためには"一日1マスク"。何枚あっても損はしない！」

#ヒアルロン酸　#スペシャルケア　#水分補給

トリデン

ダイブイン マスク

［マルマンH＆B］https://torriden.jp

セラムの長所がマスク1枚に。スペシャルケアとして最適！満点の密着力！

> ベタつかないのにあ〜ら不思議、肌が水分でヒッタヒタに

(10枚入り) 2,700円

#牛乳　#美白　#密着力

Abib（アビブ）

ガムシートマスクパックステッカー ミルク

［fourcampany］https://jp.abib.com/

ガムのような密着力のシートシリーズ。肌にツヤ感と栄養を与える！

> 液垂れ注意のマスク。密着力に驚くはず！

(10枚入り) 4,800円

#ハリ肌　#驚くもちもち感　#もちもち肌

MEDIHEAL（メディヒール）

コラーゲンエッセンシャルマスク

［セキド］https://mediheal.co.jp/

植物性コラーゲンをたっぷり配合。しっとりエッセンスの蒸発を防ぐ竹由来シート採用。

> 翌日のもちもち感に感動。しぼんだ肌もたちまち元気に！

220円

#ガラクトミセス発酵　#トーンアップ　#長年愛用

AGE（エイジ）

インテンストリートメント フェイシャルマスク

［FROM NATURE］info.japan@dhcnf.com

自然由来のガラクトミセス発酵濾過物のパワーで肌本来の活力を呼び覚ますトリートメントマスク。

> 保湿力と密着感で秀逸すぎ、翌日、発光肌になります！

(5枚入り) 1,240円

#韓方マスク　#韓方医処方　#ハリ肌

ハニスル

レスモアMO-Aインテンスリペアリングマスク

［ハニスル］https://en.hanisul.co.kr

MO-A の微細粒子や自然由来の高濃縮ハーブエキスがハリを与える。

> 韓国で施術後に使用したら、肌のダメージがなかったことに！

(10枚入り)
36,000ウォン

#オリーブヤングで10年間売上1位の美容液のマスク版　#透明肌

ISOI（アイソイ）

ブレミッシュケアマスク

［SEVEN BEAUTY］03-5812-7979

3000本の中から1mLしか抽出できない貴重なブルガリアンローズオイルを配合。

> オール無添加。美容液も秀逸だけどマスクも最高！

(10枚入り) 5,940円

※マスクのパッケージが予告なく変更となる場合があります。また、価格も変動します。

― みよこ式 ―
顔の下半身の運動

こちらはコルギの先生から伺った「顔の下半身の運動」です。
マスクをしていたら、顔を動かしているなんてわからないから、
よく信号待ちの際など街中でも習慣にしています。
二重あご、頬のたるみ、ほうれい線などが気になる方におすすめよ！

「う」運動

1
「う」の口であごを
突き出す。

>>

2
そのまま右側に口
を持っていくよう
にして 5 秒。頬し
か動かさないよう
に

3
次は逆。左へ口を
持っていく。

>>

4
そのままグルっと
1 周する。これを
20 回目標に。
あごが疲れていた
ら効いてる証拠。

「い」運動

1
思いっきり「い」
の顔をする。

>>

2
そのままウインク
をしながら、右に
口を持っていって
5 秒。
次に左も同じよう
に行う。

1日3分OK！

2章

メイクで**3**歳若返る

盛らずに顔の印象や存在感を
際立たせることがポイントよ！

女性は保湿と日焼け止めのことだけ考えればいいのよ！

　大人の女性たるもの、「保湿」と「日焼け止め」だけはこだわるべきだと思っています。保湿については1章でもたくさん紹介していますので参照ください。

　日焼け止めに関しても、マニアといわれるぐらいたくさん試してきました。その中から私が導き出した答えは、まず、40歳過ぎたら<u>ツヤが命</u>、日焼け止めは<u>トーンアップを重視すべき</u>ということ。

　朝からあれこれ使いたくないじゃないですか？　ならば<u>多機能の日焼け止め</u>を使うのがいちばん。

　私のように潤ったツヤ肌を重視している人には、下地にトーンアップ効果のあるものや、美白効果の兼ね備えたものが便利です。

　その中から私が愛用している2点をおすすめします。

　まずは <u>d'Alba（ダルバ）</u>の<u>ウォータフル トーンアップ サンクリーム</u>。

　ダルバはホワイトトリュフ配合で有名ですが、とにかく、しっとりしているのにべたつかないし、もちろん、SPF50+・PA++++ なのに、石鹸で落とせるのもベリーグッド！　紫外線遮断しながら、トーンアップしたツヤ肌になるので、私のように<u>ノーファンデ派にピッタリ</u>。

もうひとつは、デュイセルのフィルタリングクリーム。こちらは美白有効成分であるナイアシンアミド配合。朝起きて顔がくすんでいるなと思ったときは迷わずコレを使います。

　もちろんこちらもSPF50+・PA++++。日焼け止め特有の油膜感がなく、サラサラしていて、肌がワントーン明るくなりますよ。この2点さえあれば、夏の日差しも怖くありません。今のところ、私の中のトーンアップUVのツートップです。

miyoko's recommend

#UVケア　#トーンアップ

右／イタリア産 ホワイトトリュフ（ツベルマグナツムエキス）配合。豊富な栄養を与えながら、トーンアップ効果も！

d'Alba ウォータフル トーンアップ サンクリーム SPF50+ PA++++　50mL 3,400円（ダルバ／dalba@shop.rakuten.co.jp）

#UVケア　#ツヤ命

左／美白機能成分ナイアシンアミドとピンクトーンの光＝ブライトカプセルがくすんだ肌トーンアップ！

デュイセル　フィルタリングクリーム SPF50+ PA++++ 40mL 3,630円（BUDDYNETWORKS／rakuten.dewycel@gmail.com）

50歳になったら、
ファンデーションをやめましょう！

　実は肌に昔からコンプレックスがあって、40代までは、いかに肌を隠せるか、ということばかりを考えていました。でも、ある日、気づいたんです。すっぴん肌のときのほうが「みよこさんって、毛穴が（見え）ないね」「どうして、そんなに肌がきれいなんですか？」と言われることを！

　50代に入ってから、私はファンデをやめました。

　その理由は、下地に、ファンデ、その上からお粉をはたくと、肌は重くなります。重いということは崩れやすくなるのです。

　お茶をしているときに友人の肌が崩れていたら、「化粧直ししてくれば？」なんて言えます？　これを言うのって相当、勇気必要ですよね。さらに、よく同世代の人が言っているのが、「ファンデなしなんてありえない！　シミを隠したいんだもん！」。

　でも、考えてみてください。今どきのファンデーションは超薄付き。さらに、シミを隠せるような厚くて粉っぽい仕上がりのファンデを50代が塗るなんて、もってのほか。顔全体が老けて見えてしまいます。

　おすすめは、SKIND（スカインド）のマジック10グロウ スティック。SPF50+・PA++++のUVブロ

ックに加えて、シワ・美白ケアを同時に叶えるスティックタイプの美容液なんです。ツヤを与えたい部分に塗るとハイライト的な使い方もできます。UVケアと保湿ができるこのスティックは365日私のポーチに必ず入っています。

　実は私はSKINDの代表を務めています。

　「だから、紹介したんでしょ？」と思うかもしれませんが、自身がずっと欲しかった"まさにこれ！"のアイテムに出会ってしまっただけ。これを日本のみなさんに知っていただきたく、絶対に韓国から持ってこようと思ったのです。

　今まで頼りにしていた<u>ファンデと決別するのは不安なもの</u>。私もそうだったのでわかります。まずは<u>休日からノーファンデを実行する</u>のはいかがですか？

miyoko's recommend

#ノーファンデ主義　#スティック美容液

目もとやほうれい線など、気になる部分にさっと塗るだけ。紫外線カットと同時に美白、シワまでこれひとつで完了。

マジック10 グロウ スティック SPF50+・PA++++ 3,600円（SKIND JAPAN/https://skind-japan.com）

ファンデよりも塗り直しできる日焼け止めを持つべき！

　40歳を越えると日焼け止めが重要とはわかっている人はほとんどですが、最近はマスクもしているし、「朝、急いでいて、つい忘れちゃって」とUVへの意識がパンデミックを期に薄れているのは確か。

　夏でも冬でも、朝イチの日焼け止めを塗ることと同じぐらい2~3時間おきの塗り直しも重要です。でも、塗り直しをしている友人といえば、皆無(せいぜいいても、10人中1~2人ぐらい？)かもしれません。本書を読んでくれているみなさんも、塗り直しをどれだけしているでしょうか？

　私が思うのは、日焼け止めの塗り直しができているかが老けるor老けないの境界線のように思います。だからこそ、声を大にして言いたいのは、「塗り直し用の日焼け止めをポーチに1本入れること！」です。

　韓国には塗り直し用の日焼け止めもたくさんあります。その中で私が優秀だと思って、バックインしている常連アイテムがLILIBETH（リリベス）のサンクッション。

　これって一見、ファンデーションに見えますが、色のつかない日焼け止めなんです。形状はファンデーション型なので、外出先での日焼け止めの塗り直しが楽

です。

　SPF50+ PA++++ なのに軽く一回、ポンポンとリタッチするだけで強い紫外線から肌を守りながら、透明な光沢が宿り、素肌美人の演出に最適です。

　これと46〜47ページで紹介した「マジック10 グロウ スティック」があれば、鬼に金棒。本格的にUVケアを始めませんか？

miyoko's recommend

#UVケア　#ツヤ再生

どこでもサッと塗り直し、片手で簡単にＵＶケアできるサンクション。ポットマリーゴールド花エキス配合で、肌の保護維持と鎮静にも役立ちます。

LILIBETH サンクッション SPF50+・PA++++ 3,800円　（yeppeuda/www.rakuten.ne.jp/gold/yeppeuda/）

ベース ── 家から5分の距離。
みよこさんならどんなメイクをしますか？

ファンデをやめてから
欲しい箇所だけツヤをプラス

　お話したように、私はファンデをやめたので、いつでもほぼスッピンです。家から5分であろうが、50分であろが、まったく関係なし。日焼け止めとオイル美容液（BBクリーム）を塗って出かけるのみです。

　私が愛用してる <u>SKIND（スカインド）のマジック10 グロウクリームは</u>BBクリームの入った美容液の下地クリーム。これを顔に塗るだけで、ツヤで満タンの顔になります。「えっ、ベトベトにならない？」って思うかもしれませんが、このテリがしばらくするといい感じになじんで、究極のツヤ肌がこの1本で完成するので私の仕込みのアイテムです。あと、肌のコンディションに合わせて、ハイライトを入れるようにしています。

　<u>Tゾーン、目の周りのCゾーン、唇の中央上、口角、あごです。</u>この辺りにハイライトを入れるとかわいくて、元気顔になります。

　鏡を見なくても、塗るところがわかっていれば、チャチャとテキトーに塗って、少し指でぼかせば終了！

　私がハイライトとしてマルチに使えるツヤ出しスティックバームとして使っているのは <u>hince（ヒンス）</u>。このツヤ感は "hince にしか、無理" と思うほどキレ

イなんです。

　<u>トゥルーディメンションラディアンスバーム</u>はパールやツヤ感で、内側から発光しているような肌を演出できます。

　一時は在庫がなくなるほど日本人も大好きな hince。今は6色発売されていますが、真っ白（クリア）だと大人には濡れ感が強すぎるし（さらに、濡れ感が強すぎてギトギトなテカリに見えてしまう可能性も……）、赤やオレンジっぽいとチークの要素が強くなるので、おすすめしたいのは華やかなのにやりすぎていない「ライト」。このカラーが絶妙で、肌になじむのに欲しい箇所に明かりを照らしてくれます。私は"ライトバーム"と呼んでいます。これは hince の中でも名品ですよ！

miyoko's recommend

BBクリームと
オイルセラム（美容液）
が同時に出てきます

#ハイライト　#持ち歩きバーム
右／肌の内側からナチュラルなツヤや透明感を与えるバーム。ハイライト効果も。

hince トゥルーディメンションラディアンスバーム ライト 3,300 円（hince ／ https://hince.jp）

#BB入り美容液　#ベースメイクはこれだけで OK
左／肌の基礎成分が82％含有されたオイルセラム。塗るだけで、肌を乾燥から守り、内側から輝きを放つようなツヤ肌に！

SKIND マジック 10　グロウクリーム　30mL 5,060 円（SKIND JAPAN ／ https://skind-japan.com）

大人の唇にはマットよりも
ツヤが断然いい！

通常のリップは唇の上にのるだけなので、マスクや飲食で落ちてしまったり、何もしなくても時間が経てば、自然と取れて消えてしまいます。それに比べて、ティントタイプは染料が唇の凹凸に入り込んで、唇を染め上げるように色付くため、色落ちしにくく長時間つけたての色をキープしてくれて、パンデミック時期には「マスクに付きにくい」と日本でも大流行しました。

韓国では、それ以前から流行しています。みなさんも "ティントリップ＝韓国" というイメージがありますよね？

もちろん、40歳以上の方にもティントタイプはおすすめしますが、私が大人ティントで警鐘を鳴らしたいのは、<u>マットタイプは大人におすすめできない</u>ということ。

理由はひとつ。大人になればなるほど、肌にツヤがなくなるからです。

ただでさえツヤがなくなった顔に、マットリップを塗ると、カサカサに見えることは一目瞭然。

時間が経てば経つほど、唇の凹凸に染料が入り込むので、唇自体が乾燥したおばさんに見えてしまうので

す。

　ティントを選ぶならば、オイル配合のツヤツヤティントをおすすめします。

　たくさんおすすめはありますが、私の愛用は<u>アミュースのジェルフィットティント</u>と、<u>S2ND（エスツーエンディー)</u>の<u>エンドラスターティント</u>。どちらも発色がよくて、ポーチに入れていても、見つけると気分が上がります。色はみなさんの好みのカラーで構わないと思いますが、私は青みがかったピンク色が大好きです。

miyoko's recommend

#リップ　#ツヤティント ────────────────

右／自然由来のホホバ、アルガン、ひまわりオイル＋ウォーターテクスチャーでしっとりした血色のある唇にするティント。

S2ND（エスツーエンディー）エンドラスターティント 7 1,375 円（S2ND/https://s2nd.jp）

#リップ　#ツヤティント ────────────────

左／濃密なぷにゅっとジェリーがもっちり密着される長時間持続するジェル状ティント。

AMUSE ジェルフィットティント 全10色 2,200 円（AMUSE ／ https://www.qoo10.jp/shop/amuse）

── いつのまにか唇が渇いて、カッパカパに！

唇の乾燥対策にオイルインリップを持ち歩きましょう

ある韓国の医師に聞いたことがあります。

唇は他の部分と違って皮脂腺がないので、カサつきやすくなるんですって。さらに、ターンオーバーが約3〜4日と早く、正常な角層をつくる準備が不十分になりがちなんだそう。

マスクをしたり、毎日リップを塗っているだけで荒れることだってありますよね。

大人は、それがほ〜んとやっかい。

唇が皮剥けしていたり、カサカサしていると、生活がだらしなく見えてしまうんです。

そんな残念な唇になる前に、使ってほしいのがリップの上からでも塗れる「オイルインリップ」です。

オイルインリップとは、その名の通り、さまざまな種類のオイルをリップに含んだもので、韓国ではいろんなブランドから商品を出すほど定番アイテム。

通常のリップクリームよりも油分が多く、オイルの効果で潤い、なかなか落ちないように唇保湿の持続力も抜群です。

私のおすすめはLaka（ラカ）。これ1本で、唇に保湿・栄養を与えてくれます。私が愛用しているカーミングパープルはブルーベリーエキス、ナス果実エキス、ホ

ーリーバジル葉エキス、ホホバ種子オイル配合で保湿ケアをしてくれます。乾燥して輝きを失った唇をしっとりとなめらかに癒してくれるんです。

　これを塗ると、大人の唇には、自分が思う以上に保湿が足りないんだなと再認識します。

　唇がカサカサで乾燥しているとき、皮剥けが気になるとき、リップがマットすぎるとき……持ち歩いていると便利な1本ですよ。

miyoko's recommend

#リップケア　#唇の皮剥け　#いつでもオイルイン ————

乾燥してツヤを失い、荒れた唇を滑らかでしっとりに。 ベタつかずにさわやかなテクスチャーで、日常で塗って保湿を維持するのに最適。

Laka スージングヴィーガンリップオイル カーミングパープル 1,870 円（アリエルトレーディング／☎0120·201·790）

―― 気が付いたらリップが取れていて、
　　　　　顔色が悪くなっています

24時間カラーがもつ、タトゥーリップはいかが？

―――――――

　お茶した後にいつの間にかリップが取れていている
とか、マスクにべったりとリップが付いていたり……
リップが"落ちる"のって本当に嫌ですよね。

　さらに40歳を過ぎると唇のラインがぼやけてきた
り、唇の色味が薄くなって、顔色が悪く見えたりといっ
た、大人特有の悩みが出てきます。

　韓国はテレビショッピングが日本以上に盛んで、そ
こで完売を記録したユニークな商品があります。

　別名<u>タトゥーリップ</u>と呼ばれる、<u>ベリサム</u>というブ
ランド。<u>24時間カラーがキープされ、ヨレ感やにじ
みゼロのウォータープルーフ効果と角質改善</u>などのケ
<u>アができるリップティントパック</u>です。

　使い方は簡単。厚めに<u>塗って唇に着色させて約5分
〜10分乾かします。その後、唇の端からゆっくり剥
がすだけ。さらに塗った感がないのでプラスしてオイ
ルリップなどつけていれば自然な血色になるんですよ。

　どうして塗って剥がしただけで色が付いているかと
いうと、唇に色素を入れ込むからだそう。それを聞く
と、「唇、荒れるでしょう？」なんて思う人もいるかも
しれません。ただ、ハチミツエキス、パパイヤ果実エ

キス、ダマスクバラ花水といった唇に優しい保湿成分が含まれていて、塗るだけでむしろ唇をケアしてくれるそう。

　私はピンク系やパープル系が好みなのでプラムベリーという色を愛用していますがオレンジ系やブラウン系などのカラーも豊富です。とにかく落ちにくいというより、<u>落ちないタトゥーリップ</u>なので、食事をしたときカップやグラスに色が移りにくいというのも嬉しいポイント。デートのときでも食事を楽しめるので安心ですよ！

#タトゥーリップ　#食事も安心　#24時間

塗って乾かして剥がすとカラーが持続するリップティント。神秘的でゴージャスなムードの紫色がかったプラムカラー。

ベリサム マイ リップ ティント パック 02 プラムベリー 1,320円（SKINGARDEN／☎03・5291・1808）

「若いね」「ハツラツとしているね」は肌の血色感で決まる！

　大人がチークを入れないのはタブーだと思うの。なぜなら、チークは大人のくすみを払ってくれて、肌の透明感を出してくれるものだから。大人のチークはいわば "元気印" ではないかしら？　でも、どんなものを選べばいいのか色が難しいですよね？

　沈んだベージュや透け感のない色よりも、パッと見て、**可愛い、いわゆる "少女カラー" のほうが大人を美しくして**くれると思うんです。

　とはいえ、真っ赤とか、ピンクの色とか、派手めの色は若者がしてると可愛いけれど、大人は "おてもやんの頬" になりがち……。

　私が目指すツヤ肌にマッチするのはチークの赤みを抑えた、生っぽい血色感。つまり、**湯上がり感が出るコーラルピンク**、または人によっては**コーラルオレンジ**だと思うのです。そんな肌を目指すために選んでほしいのは、クリームチークかリキッドチーク。粉っぽくならずに、まるで肌の中からにじみ出るような血色のよさを再現することができます。

　Dear Dahlia（ディア ダリア）は私がずっと愛用している名品中の名品。指で軽くポンポンとなじませるだけ。私は頬骨の上に二本の指を置き、頬骨上をずら

しながらタッピングをするように塗布しています。

　テクニックいらずだから、いつでもどこでも、ふわっと高揚感のある肌になれます。

　あとパクトの**AGE20s（エイジトゥエンティーズ）**のパクトタイプのチーク。なにがいいって水分をたっぷり含んでいるから大人の肌にみずみずしさと血色感を同時に生み出してくれるんです。こちらも韓国に行った際はチェックしてくださいね！

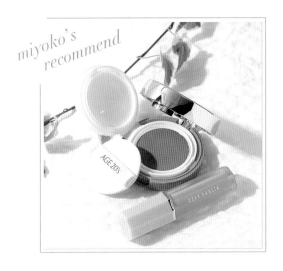

#リキッドチーク　#お風呂上がりの血色感 ─────────

手前／うるおうように密着するリキッドチーク。流行に関わらず使える柔らかく明るいピンク。

ペタルドロップリキッドブラッシャー ピュアリティ 3,674 円（ディアダリア／ https://deardanlia.jp）

#パクトタイプ　#お風呂上がりの血色感 ─────────

奥／宝石成分含有。ダイヤモンドのカバーパクト！　毎年変わるキラキラのパッケージも GOOD ！

AGE20's シグネチャー エッセンスカバーチークパクト 2　2,600 円（AK BEAUTY ／ hyewon.kim@aekyung.kr）

悩み多き眉はアートメイクで
解決させましょう！

―――

　顔の印象を大きく変える眉。しかし、眉にも流行があります。友人の眉を見ると、キリッとしたアーチ眉や安室ちゃん時代に流行ったシャープな細眉の人、いませんか？　その眉、ナンセンスです！　そんな眉をしていると、他人からは"時代遅れ"と思われてしまうかも。

　では、今はどんな眉が流行りなのでしょう？

　韓国の女優さんや歌手などを見てもわかる通り、やや太めで毛力を感じさせる<u>ナチュラル眉がトレンド</u>。

　日本もそれは同様ですよね。私は眉にアートメイクをしています。もし、眉のベースがなかったら、アイブロウは絶対にうまく描けません。

　みなさんも、眉のアップデイトは絶対してください。

　私がおすすめしたいのは、狎鴎亭（アックジョン）のロデオ通りにある、<u>BR Aesthetics（ビーアルエステティック）</u>です。

　日本では眉のアートメイクというと、価格は８万円〜10万円ぐらいかかるなんて声をよく聞きますが、韓国では２万円〜３万円ぐらいが相場。BR Aesthetics は施術から３カ月以内だと無料のリタッチ（修正）をサービスしてくれます（３〜６カ月以内のリタッチは追加 65,000 ウォン）。一方、日本ではリタッチ

は別途料金が発生するクリニックがほとんど。韓国までの旅費込みで考えても、コスパがかなりいいんです。

　韓国ではアートメイクが一般的に定着していているため、クリニックの数も多く、技術が高いのも特徴。日本のアートメイクと比べると韓国のほうがナチュラルなんです。意外でしょ？　今のアートメイクは昔のタトゥーのようなものではなく、<u>1年半〜2年で消えてしまいますので、眉のトレンドにもさほど支障がありません</u>。あと、眉頭を薄く描いてくれるため、自由に太さや描き方をペンシルやパウダーで調整できます。次の韓国旅行ではアートメイクに挑戦してはいかがでしょう？

納得がいくまで、眉の形をデザインしてくれます

#アートメイク　#小顔ケアも人気　#日本語翻訳機使用

BR Aesthetics（ビーアルエステティック）

ソウル市江南区狎鴎亭路42キル32 2F

📞 02・543・4309　　🕐 10:00 〜 18:30（最終受付）、土〜 15:30（最終受付）

🚫 日曜、祝日、旧正月、旧盆、1月1日　　💬 @867kuyq

📋 アートメイク（眉）350,000ウォン

アイ ── 目もとがどんどんぼやけてきます

陰影をつけるアイメイクは、大人のマナーだと思って

　目もとのくぼみやたるみが気になってくるのが大人の宿命。人と話すときも目を見て話すわけだし、自信を持って会話するためにも、アイメイクは大事だと思っています。

　なので、みよこ流アイメイクを教えますね。

　まずはアイラインから。

　最近は目がたるんだからといってアイラインを引かない人も増えていますがアイラインがしっかり入っていないと、フレームがぼんやりして見えてしまい、目もとが重だるく見える一因に。私は、Rokkiss（ロッキス）のエクストリーム エッジ ペンアイライナーの自然に目力を出せるブラウンを使っています。40歳ぐらいからかな？　何を聞いても見ても、涙腺が緩んでつい泣いちゃうため、アイメイクはにじまない、汗や涙に強いことがとても重要。ロッキスは、にじまず崩れないの代表格です。

　次にマスカラはNEOGEN（ネオゼン）のエクストラボリュームカールメタルマスカラ を使用しています。

　何がすごいってブラシ部分がメタルなんですよ。だから、眉毛同士がくっつかない。これだけでどんなと

きでも簡単にクルッと上向きカールができます。誰が
ブラシをメタルにしようと考えたのでしょう。本当に
素晴らしい！のひとことです。

　二重の人だろうが、一重の人だろうが、加齢ととも
に、目もとはどんどんたるんできてしまいます。その
まま外へ出ると、起きたままのお顔で外を出ているの
と一緒です。ぜひ、大人のマナーだと思ってアイメイ
クを力を入れてみてください。

#アイメイク　#マスカラ

上／メタルマスカラ。ブラシ部分がメタルだから、洗ったり、拭いたりもできて衛生的。
NEOGEN（ネオゼン）エクストラボリュームカールメタルマスカラ 3,500 円（ネオゲン／ https://
neogenlab.jp/）

#アイメイク　#アイライン

下／にじまず、繊細なラインがするすると描けるアイライナー。崩れにくいマルチプルー
フで、描いたときの発色を長時間キープ。
Rokkiss エクストリーム エッジ ペンアイライナー 02 1,200 円（本人私物／参考価格）

大人でも涙袋はあったほうが いいに決まっている！

40代を越えると目もとの印象が弱くなってきますよね。だからといって上まぶたばかりアイラインを濃くすると悪目立ちして、ただのアイラインの濃い派手なおばさんになりがち。

涙袋メイクは20代のものって思われがちですが、私は**40代を越えた人こそ、涙袋があったほうが美しいし、若々しい**と思っています。

韓国ではもちろん、涙袋メイクを40代以上の人も作っています。涙袋メイクなんてしたことないという人も多いと思いますが、失敗しない涙袋の作り方ってどうやるのでしょう？

まずは、肌の色よりワントーンほど明るいペンシルを用意します。このペンシルで涙袋の影を作りますが、大事なのは**ナチュラルさ**。何事もナチュラルさが大事です！　濃い色を使うと不自然になるので、明るい色を使いましょう。また、影を下まぶた全体に入れるとクマっぽく見えてしまうので、下まぶたの中央あたりにだけ引きましょう。

これだけでも十分ですが、フォーマルなパーティやイベントなどでは、明るいベージュのアイシャドウやラメ入りのアイシャドウを**細めのチップ**に取り、下ま

ぶたの涙袋全体に均一になじませたあと、涙袋の直下にペンシルで影を付けてみてください。

　私が使っているのは<u>SISTER ANN（シスター アン）のウォータープルーフペンシルアイライナー</u>です。バターのようなテクスチャーなのに、しばらくすると、擦っても消えないんです。24 時間もつというけど、私の体感だともっと消えない気がします。さらに 15 色の色展開だから、アイラインを探している方は必ずチェックしてみて。私のおすすめは人気のシャンパンゴールド。シミやクマ消しのコンシーラーにも使えるから、1 本持っていると便利ですよ！

#涙袋アイライナー　#24 時間もつ

優れた防水効果で油分に強く、高密着。にじまず、長くキレイに発色。

SISTER ANN ウォータープルーフペンシルアイライナー 05（シャンパンゴールド）990 円（シスターアン／ iam@sister-ann.jp）

2本目のマスカラは
ネイビーブルーに!!

　40代を過ぎた頃から、まつげは短く、細くなり始め、50代になると、まばらになってきます。

　まつげには女性らしさや特有の色気が宿るので、40代以降は"マスカラ"は必要です。

　ただし、年々、まぶたがかぶってきますので、ビューラーを使うことも忘れずに。まつげの根もとをビューラーのカーブにピタッと添わせて立ち上げることで、目が大きくなります。

　でも、マスカラってやっぱりブラックとかブラウンが基本でしょ？　カラーマスカラって大人は攻めすぎですよね……って思う人もいるかもしれません。

　もちろん、ブラックもまつげをイキイキと生命力のあるまつげにしてくれるのでおすすめですが、ぜひ大人につけていただきたいのは<u>ダークなブルー＝ネイビー</u>です。

　ネイビーのマスカラには、<u>肌色の補正効果もあり、くすみやクマを目立ちにくくしてくれる</u>んです。さらには<u>透け感で白目をきれいに見せてくれる力</u>も！　大人が使わない"手"はありません。プラスして、自然な抜け感が出るのでナチュラルメイク派にもおすすめですよ。

私が愛用しているのは hince（ヒンス）。一時は韓国人に流行りすぎて、なかなか買えなかった<u>ニューアンビエンスカラーマスカラ</u>のアンディファインド（ディープブルー）。一瞬、ブラックに見えますが、瞬きするたびに青色がチラチラ輝いてとてもキレイ。hince は色出しの天才だと思います。この色を付けるだけで、<u>オシャレに見えて、決して派手すぎない。</u>

　私は夏にこのマスカラを付けることが多くなります。ポイントはアイシャドウをベージュなど、シンプルに仕上げることで、目もとのオシャレ感が際立ちますよ。

　2本目のマスカラは、ネイビーをおすすめします。

miyoko's recommend

#カラーマスカラ　#ネイビーカラーマスカラ

ナチュラルに調和するたるみのないJカール効果と、スリムカーブブラシでダマにならずに、短いまつげの一本一本まできめ細かく引き上げる。

hince ニューアンビエンスカラーマスカラ　アンディファインド 2,200 円（hince ／ https://hince.jp）

9色の淡いパレットが
大人の目もとにはお似合い

　　韓国では9色の淡いアイシャドウパレットは、もはや定番。これひとつあれば、「**当分、アイシャドウ買う必要ないんじゃないの？**」って思っちゃいますよね。私もそう思います！

　　日本のパレットは4色が多いですが、韓国パレットのように9色のほうがTPOに合わせやすいと思います。ただし、たまに突拍子もないグリーン、ネイビーとか、ビビッドなピンクとか入っているパレットもありますよね？　それを大人は上手に使いこなせません。もし、どうしても欲しいならば、その色だけ単品を購入すべきです。パレットは必ず、**捨て色なしのもの**を選ぶほうが賢明です。あと、大人には**大粒ラメが含まれたものもあまり必要ない**と思っています。上品なパールや微細なラメならばいいのですが、大粒ラメはシワなどの肌悩みをかえって目立せてしまうことも！

　　韓国の友人に聞きましたが、**目もとは明るいトーンで仕上げたほうが、肌がくすまずに見えるんですって**。大人になると、くすみがちになりますもんね。

　　"アイシャドウの天才"といえば、**デイジーク**。

　　日本人にも大人気で、今では日本でも買えますが、

韓国で買うほうがカラーバリエーションも多く、限定色もあります。私は甘めのフェミニンピンク系が大好きですが、人によっては洗練されたベージュ、あとは、カジュアルなオレンジも素敵ですよね。

　大人の目もとに必要なのは、上品さとやさしさ。ただし、目の輪郭となるアイライン、アイブロウは忘れずに！

miyoko's recommend

#淡色9色パレット　#デイリー使いも　#イベント時も

美肌演出するマットシャドウや上品にきらめくシマーシャドウなど9色のシャドウパレット。

デイジーク シャドウパレット04、03 共に 4,180円（ワンダーライン／☎03・3401・1888）

——— 最近、歯肉炎が気になります

"塩"歯磨きの一択ね！

　実は最初はパケが気に入り、ソウルの大型スーパーで購入したのがきっかけ。"立つ"ポンプ式の歯磨き粉って珍しいですよね？　ハートになっているのは歯磨き粉を最後までポンプで汲み上げられる設計のための形なんですって。中身の歯磨き粉は96％の塩化ナトリウムとミネラルを含有した歯茎ケア用の歯磨き粉。通常、塩系って"シャリシャリ"と塩感がある印象ですが、こちらは爽やかさのある磨き心地で味もマイルド。歯肉炎指数改善効果や12時間口臭抑制効果も認められたんですって。使用後、本当に歯がつるつるになりますよ。

miyoko's recommend

#ハートの形　#ヒマラヤンピンクソルト

人体に必要な数十のミネラルを含むヒマラヤンピンクソルトを配合。

ヒマラヤンピンクソルト フローラルミントフレーバー（ハートタイプ）285g 11,900 ウォン（本人私物／参考価格）

3章

ボディ＆ヘア強化で
4歳若返る

ヘアとボディには"ツヤ"が命。
ツヤさえあれば、見た目年齢は変わります。

長～いチッソル（歯ブラシ）は お土産にもおすすめ！

2023年の半年で7回、韓国を訪れました。その都度、バラマキ用のお土産で買ってきたものは wangta（ワンタ）歯ブラシです。

なんと、こちらの歯ブラシは韓国では1998年から売っているもの。BTSのジョングクが使用していたことで日本でもじわじわと有名になりました。

何よりも特長は一度に4~5本の歯を磨けること。とにかくヘッドに注目してください。長～～～いんです。

「wangta歯ブラシ」は4cmのブラシヘッドの長さ。普通、日本では2cmほどなので、約2倍の大きさ。初めて見た方はその大きさに笑っちゃうはずです。私も初めて見たとき、思わず笑ってしまいました。

とはいえ、とても本格派。約4000本のブラシ毛でできていてブラシが出ている穴（ブラシホール）は68個も付いています。さらに長い毛と短い毛の二層構造で作られて、舌ブラシとして使われることもあるとか。

使ってみると、磨きやすくて、リピート決定の代物です。しかも、歯がツルツルになります。

ちなみにミニサイズ（3.5cm）もあるので、まずはミニから試してみるのもいいかと思います。

歯ブラシケースと吸盤（ホルダー）がセットになって

いるので、韓国の OL さんがランチ後の時短アイテムとして人気だと聞きました。

　ちなみに韓国でも値段はバラバラですが、1 本、500 円もしません。さらに色がパステルで可愛いので韓国土産として日本の友人にあげると大喜びしてくれます。次の韓国旅行のお土産にどうでしょうか？

miyoko's recommend

#歯ブラシ　#日本購入可　#ジョングク愛用

毛先が歯の隙間に入ってとてもよく磨けてスッキリ。固さも柔らかくて磨きやすいと韓国でも大人気。

wangta 歯ブラシ（ケース付き）225 円（本人私物／参考価格）

韓国で大ブームの予感!!
ナッツの原料でできたバーム

　私が今回の本で紹介したかったのが、<u>nutseline</u>（<u>ナッツセリン</u>）。ボディケアに特化したブランドで、名前の通り、ナッツが原料なんです。パッケージからもわかりますね。モウラバターツリーの果実から得られる脂肪分であるイリッペバター、アボカドオイル、スイートアーモンドオイル、ヒマワリ種子油マカダミア・テルニフォリア種子油など100％天然有機成分を使用しています。

　これは韓国の美容通の友人に紹介してもらったアイテムで、無臭なのですが保湿力がバッチリ！　さらに大容量のため、高齢の方から男性も、さらには、赤ちゃんだって一家で使えるマルチアイテム。私は髪から足まで全身に使用していますが、本当に1つで何役もこなす優秀品です。

　ナッツセリンを唇に薄く伸ばすように塗ると、唇の乾燥を防ぎ、リップクリームの代わりに。また、リップを塗った上にナッツセリンを薄く塗れば、口紅の色落ち防止にもなるので、メイク直しの時間がない時に便利。

　またネイルのオフ後のケアとして使ったり、指先のささくれにもおすすめ。お風呂のあとに、ささくれ部

分にしっかり塗り込み、手袋をして寝ると、翌朝には治っています(みよこ持論)。

　特に写真中央のシカバームは3個目に突入。日に焼けてしまって赤くほてった肌や、虫にさされた箇所、レーザー後の肌を鎮静させるのにとにかく優秀。

　またひどく乾燥して荒れてしまったときにはナッツセリンのボディ用のトナーを塗ってからこちらを重ねています。その他、コーヒーでできたボディスクラブなどもおすすめ。韓国ではじわじわとブームが来ているので、このアイテムはチェックを！

※　アメリカで最も影響力のある非営利環境団体であるEWG (Environment Working Group)が運営する化粧品部門の安定性認証プログラム。消費者に商品の成分に関する正しい情報を知らせている団体。

#ボディケア　#ナッツ原料　#美代子3つ目

EWG VERIFIED™＊認証マークを取得した安心安全の全身バーム。グリーンはシカ配合の鎮静バーム。2023年11月にリニューアル予定。

ナッツセリン スーパーナッツナリッシングバーム 大／100mL 33,000ウォン 中／シカバーム 50mL 23,000ウォン 小／ 15,000ウォン（本人私物／参考価格）

入浴後はとりあえず
水分クリームで水分補給

　韓国人はスキンケアのとき、数多くのアイテムを重ねていく習慣があります。クリームひとつでも、水分の多い水分クリームと油分が多い油分クリームを使い分けています。

　水分クリームはあくまで、水分を補給するためのもの。だから、日本人のように、化粧水と水分クリームだけの２ステップケアで済ませてしまったら、大人の肌は必ず乾燥します。あくまでも、水分クリームは保湿クリーム前の「水分補給用」と思ってくださいね！

　最近ではヒアルロン酸やシカのほか、どくだみ・白樺エキスなどを配合した水分クリームが発売されています。水分を肌の中に蓄えておくと、肌のバランスを整えて、モチモチ肌へと導いてくれます。

　私は**入浴直後に水分クリームを顔はもちろん、全身に塗りたくって時間を置いて、いつものスキンケアを**しています。50歳を過ぎたら、とにかく乾燥をさせないことが重要です。

　脂性肌で油分クリームが苦手な方や、朝、どうしてもベタつくからクリームを塗るのが嫌！っていう人にもおすすめですし、ベースメイクに少し混ぜて使うとよい潤滑剤になります。

私がずっと信頼している水分クリームは、宣伝ではなく成分にお金をかける FROM NATURE（フロムネイチャー）のヒアクア モイスチャースージング クリーム。

　訓練にも支障なく保湿できるようにと軍人さんの肌のために開発された水分クリームなのです。価格も1000円前後で手に入りますが、効果はお値段以上！

　1個持っていて損はありません！

#ヒアルロン酸　#水分クリーム　#軍人さんも使用

ヒアルロン酸と、アラントイン線分を配合。高保湿な水分クリーム。2023年リニューアル予定あり。

ヒアクア モイスチャースージング クリーム 80mL 1,280円（フロムネイチャー／ http://efromnature.jp）

韓方の脂肪溶解注射で
二の腕を細く！

たとえ、体重が落ちても二の腕だけが細くならないですよね。セルライトの蓄積、リンパの流れが悪くなっていることも要因ですが、二の腕の振袖部分（上腕三頭筋）は日常生活ではあまり使われないため、筋力が低下しやすく、鍛えにくい部位でもあります。

ダイエッター歴30年の私も、二の腕がタプタプ。そこで今回受けたのが、韓方の脂肪溶解注射です。

一般の脂肪溶解注射は気になる部分に薬剤を注入し、脂肪細胞を溶解させる方法です。溶解された脂肪は、時間をかけて血液やリンパの流れに乗って老廃物と一緒に排出されていきます。

ロダム韓方クリニックの**韓方脂肪溶解注射**は一般の注射と変わりませんが、中身がまったく違うんです！

体脂肪を分解させる効果がある成分が含まれた自然由来の韓方成分が含まれいて、ステロイドが含まれないから安全らしいんです。脂肪溶解だけではなく、血液循環の促進の効果もあるとか。さらに、循環を促す高周波も付くから、即効性も期待できます。続けて行うことでより効果が高まるというので、次の渡韓の際ももちろん受けにいきます。

ロダム韓方クリニックはニキビにも定評のあるクリ

ニックで、ニキビ跡に悩む友人におすすめしてきましたが、今までどこに行っても治らなかったニキビ跡が、6カ月ぐらいで治ると診断されて、次回の予約も取っていました。

　質のいい韓方クリニックをお探しならば、ロダム韓方クリニックはおすすめです。院長も優しくて、とっ〜てもかっこいいのでぜひ、みなさん行ってみてください！

二の腕が細くなるなら、ガマン…

やっと寝れると思ったら……
刺激的‼ で寝れないわよ‼

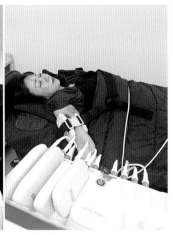

#韓方脂肪溶解注射　#韓方クリニック　#ニキビ治療も優秀

ロダム韓方クリニック

ソウル特別市江南大路596 クドンビルディング12F

📞 02·3444·7523　　㊡日曜　　💬 @rodamjp

🗒 韓国脂肪溶解注射（1部位／5CC）＋高周波（4パッド）　320,000ウォン

韓方エキス配合の
ハンドクリーム愛用中♡

───────

　年齢を重ねると、手に年齢が出るっていいますよね。これ、怖いけど本当です。

　30代まで気にもしていなかったけれど、40歳になって、「あれ？　知らないラインが増えてる！」「こんなシワ、あったっけ？」ってことがあります。

　特に、私は手を洗う回数がものすごく多いんです。だから、四六時中、手を酷使しているといってもオーバーではありません。

　"手の老い"予防には、こまめにハンドクリームを塗ることがいちばんの近道。だから、私にとって、ハンドクリームは欠かせません。バッグの中の常備品といえます。いつも何かよいハンドクリームないかしら？と探し求めています。

そんな私が今、ときめいているのは EARTH LIBRARY（イスライブラリー）のハンドクリーム。こちらはライフスタイルを提案したプロダクトが多く、センスも抜群です。

　EARTH LIBRARY のお店は新沙洞駅の近くカロスキルの裏道にあり、どのアイテムにも韓方エキスを使っているのが特長です。フランキンセンスを中心とした、まるで"お香"のようなフッと深呼吸したくな

る香りに癒されます♡　ハンドウォッシュやルームフレグランスも香りがよくおすすめです。スタッフも韓国ドラマから出てきちゃったかのような(笑)イケメンスタッフもいるので、ぜひ、カロスキルのお店に行ってみてください。

miyoko's recommend

#韓国の伝統医学　#カロスキル

EARTH LIBRARY

ソウル特別市江南区島山大路 17 キル 31　1 階

📞 0507・1377・7002　🈺 11:00〜19:00　🈺 日曜

韓国の伝統医学に基づいた天然成分と最新技術で構成されたハンドクリーム。香りも抜群！

Moonlight Garden Hand Cream 50mL 22,000 ウォン　（EARTH LIBRARY/contact@eathlibrary.com）

ボディ＆ヘア強化で４歳若返る

韓国に行かなくても、"韓国ヘア" はできるんです！

　　配信ドラマなどで韓国の女優さんなどを見ていると、韓国のオシャレに挑戦してみたくなりますよね。ファッション、メイク……何から真似するべきか悩みますが、私は**ヘアスタイルから韓国トレンドを真似る**のが "イメチェン" を考えている方には手っ取り早いと思っています。

　　韓国と日本のロングの違いは、**重さとナチュラル感**です。韓国風は毛先にある程度、重さのある A ラインのシルエットが主流ですが、日本は軽くラフで、自然な仕上がりが多いですよね。

　　私が気に入って毎月、通っているヘアサロンは、東京・表参道にある **GUNHEE TOKYO（ゴニ トウキョウ）**です。

　　オーナーの GUNHEE さんは、韓国の有名ヘアスタイリストで、Super Junior のキム・ヒチョルさんを始め、数多くの韓国のアイドルやモデルなど担当したお方。日本でサロンをオープンして、働いているスタッフも韓国通ばかりで、お店に行くと「ここソウルだっけ？」って勘違いするほど、韓国語が飛び交っています。

　　私がいつも担当してもらっているのは、SUHO（スホ）さん。彼は日本人ですが、狎鴎亭のロデオ通りの

美容室で7年半働き、韓国の技術を熟知しています。カットがとてもうまくて、私のわがままを100%、いや、120%叶えてくれています。SUHOさんはタンバル（ボブ）から今、流行りのエギョモリ（レイヤースタイル）まで得意としていますので、気になる方は予約して行かれて見てくださいね。

　そのほか、韓国で流行っているトリートメントなども取り扱っているので、みんなでオルチャン（美人）ヘアスタイルになりましょう！

担当してくれてる
SUHOさん

#日本にいながら韓国ヘア　#GUNHEEさん　#SUHOさん

GUNHEE TOKYO

東京都渋谷区神宮前5丁目46-3 NIKOPLACE 3F

📞 03・6685・1397（要予約）　休月曜

http://gunhee.co.jp/salongunhee/

── いつも髪がまとまらず、パサつきます

大人の髪に必要なのは
プロテインケアだった！

───────

　私の永遠のテーマは、ツヤツヤ。もちろん、いくつになっても全身、乾きたくありません。

　本章では4歳若返るといってはいますが、髪にハリ・コシがあれば、実際の年齢より10歳以上は若く見えますし、元気そうに見えます。

　<u>肌はキレイでも、髪がパサパサだったり、ツヤがなかったりすると、「あれ？ この人、何歳？」と思われたり、若作りしているように</u>見られてしまうこともあります。

　だからこそ、肌と髪は一心同体でなくちゃね。

　韓国ではこの10年でヘアケアアイテムがガラリと変わった印象があります。本当にどんどんいいシャンプー、トリートメントが誕生しています。その中でもおすすめは、<u>CP-1 プレミアムヘアトリートメント</u>です。こちらは、11種類の低分子・高分子タンパク質と髪の毛に似た17アミノ酸複合体がバランスよく髪に吸収されるトリートメントです。

　大人に必要なヘアケアは〝プロテインケア〟だと思っているの！

　カラーやパーマでダメージを受けてタンパク質を失った髪の隙間に低分子タンパク質が入り込みケア

をしてくれて、6種の植物オイルや髪の毛の修復をサポートする「低分子タンパク質」、栄養を補給し髪を柔らかくしてくれる「ハイドロライズドシルク」、たんぱく質を吸着できるようサポートする「キノア種子エキス」など複数の美容成分を配合しています。

　これを使ってから髪がまとまらないなんてことはありません。年齢の割に髪の毛の悩みが少ないのもこちらのおかげだと思っています。

miyoko's recommend

ボディ＆ヘア強化で4歳若返る

今すぐ、韓国版髪質改善トリートメントをはじめて

　年々、カラーやパーマをきっかけに、いきなりパサつき、くせ毛になった……なんていうことをよく聞きます。それも、加齢現象ですね。髪の80％以上の主成分は「ケラチン」。ケラチンはタンパク質の一種で、アミノ酸の集合体です。前ページでも述べましたが、放っておくとパサパサになっていく髪には、とにかく「プロテインケア」が重要なんです！

　長年使ってやっぱり"いいな"と思っているのは、モレモのウォータートリートメントミラクル10。みなさん、ウォータートリートメントって使ったことありますか？　あまりにサラッとしすぎていて、髪にちゃんと"ついているの？　ついてないの？"と、思ってしまう水タイプのトリートメント剤です。日本でも「髪質改善トリートメント」が流行っていますが、こちらは韓国版。

　化粧水のような美容液の正体はタンパク質6種とアミノ酸17種配合。モレモがスゴイのは髪全体に塗布して、たったの10秒よ！

　それなのに、私が追い求めている、ツヤや保湿感のある髪が一度に手に入ります。もともと、私の髪は柔毛で丈夫なほうですが、ウォータートリートメントを

使うことで、素直で丈夫なサラサラ髪になりました。
ベタベタしないので、旅先や夏場にももってこい！
せっかちな私には、とにかく"10秒"というのは本当
にありがたいんです！

#ヘアトリートメント　#髪質改善　#10秒で洗い流すだけ ───

シャンプー後、髪の水気を切り、毛先を中心に軽くマッサージをするように塗布すると、微
熱によってテクスチャーがクリーミーに。たった10秒間で洗い流すだけ。

モレモ ウォータートリートメントミラクル10 2,508円（ワンダーライン／☎03-3401-1888）

ボディ＆ヘア強化で4歳若返る

空いた時間はヘアサロンで
シャンプーをしてリセット！

　韓国に旅行中、「ディナーの予約前、1時間だけ空いちゃった」「友人と会う約束をしているけれど、中途半端に時間が空いてる」……な〜んてこと意外と多くないですか？

　そんなとき、私は迷わず、江南〜狎鷗亭あたりのヘアサロンに入ります。何をしてもらうかというと、“シャンプー＆ドライ”です。もう15年ぐらいかしら？あらゆるヘアサロンに飛び込みで入りました。この“暇つぶし”は大人の究極の贅沢だと思っています。

　なぜ“シャンプー＆ドライ”をしてもらうかというと、予約なしで入れる美容室が多く、さらに高くても30,000W前後。安いサロンでは、江南なのに15,000Wなんて美容室もありました。

　おすすめの理由として、第一に髪がサラサラになるし、おまけにスタイリングもしてくれる（その後に大事なディナーや、デートが入っていたら、もっとファビュラスですよね♡）。

　さらに自律神経も整うので、頭がリセットされて、カラダも不思議と楽になるのです。

　江南〜狎鷗亭にあるサロンは高級なお店ばかり。雰囲気もよく、とても清潔で、何より安心です。さらに、

韓国の"オシャレセレブ"が垣間見られてすごく楽しいんです。

　事前に必ず、「○時までには出る」という旨と金額だけは聞いたほうがよいですが、気分がリセットされるので、ヘアサロン巡りを楽しんでみてください。

これぞ！　大人の贅沢！

広い待合室

#隙間時間　#ヘアサロン

今回伺ったのは、あの世界的に有名な「DESSANGE PARIS」の新沙洞店！　スタッフ、皆さん気持ちよく対応してくれて、髪もきれいに、カラダも軽くなってよかったです♡

DESSANGE PARIS ／ 📞02·517·2221

ベタつかないヘアセラムも
あるんですよ

　長年愛用しているミジャンセンのパーフェクトセラ
ム。全5種類の中、オリジナルが人気だそうですが、
私はウォータリーセラムというオイル感がまったくな
いさらさらセラムがお気に入り。最大の特長は厳選さ
れたアルガンオイルやオリーブオイルなど7種類のオ
イルを黄金比率で配合。このオイルによって、PM2.5
まで髪に付着するのを防御してくれます。ヘアオイル
が嫌いだった私が毎日ちゃんと使うようになった魔法
のアイテム。ベタつかず、軽やかにスタイリングがで
きるので長年愛用しています。

miyoko's recommend

#ヘアスタイリング　#さらさらセラム ——————
オイリーな髪や頭皮でも使えるさらさらセラム。フレッシュなシトラスの香り。
ミジャンセン センパーフェクトセラム ウォータリーセラム ヘアオイル 80mL 1,690円（本人私物）

4章

インナーケアで
元気になる

自分に必要な成分を賢く補給。
韓国はサプリ天国！

「韓方、韓方」っていうけど、何でもいいわけではないの

　食欲を抑えるサプリメントや**韓方**※ってずっと流行っていますよね？　私もコロナ渦でステイホームが続き、体重が右肩上がりしたひとり。そして、50オーバーになると、代謝がどんどん落ちていくから、元の体重になかなか戻らないわけです。

　そんな私と共通の悩みを持つ人におすすめなのが、**ロダム韓方クリニック**（P78〜79）の**チェビット＋浄化丸（ジョンファファン）**という独自で開発したダイエット韓方薬。

　実際に口に入れるものだから安心でなきゃ、ダメじゃない？　その点では韓国の最高機関が判子を押す、お墨付きでもあります。

　私もコロナ渦に韓国の食欲を抑えるサプリメントや韓方を6つぐらい試しました。その中で、劇的だわ♡と思ったのがこちらの韓方薬。

　私の場合、食事制限もして1カ月で4.5kg痩せました。でも、人によってさまざまで私の周りでは1カ月で8kg痩せる人もいました。凄くないですか？

　飲み方は1日2回、食事の30分前に1包ずつ飲むだけです。さらに、排泄をスムーズにし、ダイエット期間にありがちな便秘解消にも役立ちます。キムチ乳

酸菌や昆布、ひじきなどの腸内改善に役立つ成分が入っている「浄化丸」とセットで飲むことで、便秘はもちろん、からだのデトックスまで行ってくれる韓方セットです。私の周りでも、これは手放せないという人、続出中です。問診さえすれば日本でも買えますが、韓国に行く予定のある人は一度、予約をして行ってみてください。

※ 「はんばん」と呼ぶ。漢方と韓方の共通する部分もあるが、細かい部分は異なる。診断は「四象診断」。脈診や問診によって、体質を4種類に分けて診察する。個々によって違う体質にあった生活習慣や、体質に食べ物も知ることもできる。

#美容皮膚科　#韓方クリニック　#体質改善

ロダム韓方クリニック

ソウル特別市江南区江南大路596 クドンビルディング12F

📞 02・3444・7523　　㉂日曜　　◎ @rodamjp

🗒 チェビトッ＋浄化丸　1ヵ月分36万ウォン（送料込み）

※日本で購入したい場合は—
LINEに登録後電話相談もしくはLINEにて問診票を記入。1～5段階のうち、体質や目的にあったレベルのチェビトッを処方してもらう。韓国からチェビトッ発送。約1週間前後で到着。不安や疑問があれば、その都度LINEにて相談可。

韓国版ビタミン界のエル○スで、翌朝元気！　肌はイキイキ！

　50歳を越えてから、毎日、仕事に追われ、昔よりも全身がヘトヘトになる機会が増えました。韓国は美容大国だけあって、サプリやインナーケアもたくさんいいものがあります。

　そんな中で私が"ビタミン界のエル○ス"として推しているのが、LEEDS LAB（リーズ ラボ）の バイアルイミューンです。

　ビタミンC、E、B$_6$、B$_1$をはじめ、亜鉛、クロム、鉄など、19種類のマルチビタミン＆ミネラルが配合されており、味はアップル＆マンゴーのような味わい。つまり、ジュースのようにおいしいんですよ！（あくまでも、ビタミンを補う健康飲料なので、アレルギーなどの心配のある方は控えてね）。

　また、ドリンクの形も非常に面白く、ボトルの上段に2粒のタブレットタイプのサプリメントが入っており、下段はドリンクになっているんです。最初に2粒を口に含んで、ドリンクで流し込むように飲んでいます。

　これを一日1本、飲むようになってから、朝、目覚めた瞬間から調子よく、さらには免疫も上がって、プルプルで元気な肌になれます。

今では家になくなるのが怖くて、渡韓ごとに、30日分を2~3ケース購入しています。今春にこのドリンクを<u>私のインスタライブ</u>※で紹介したら、爆発的に売れちゃって……。広告は、イ・ビョンホンの奥様であるイ・ミンジョンさん。2023年からロッテ免税店や新羅デパートの免税店にも置いているそうですが、とにかく韓国でも買えないほど人気。あったらラッキーと思ってください。カラダの中からキレイと健康になりましょう！

※　https://www.instagram.com/miyoko.myondon/

miyoko's recommend

#ビタミン＆ミネラル　#健康飲料　#一日1本
一日1本で19個のビタミン＆ミネラル配合。マンゴーのような味でおいしく摂取できる！
LEEDS LAB バイアル イミューン　30本入り　$56（LEEDS LAB ／http://m.lottedfs.com）

インナーケアで元気になる

更年期の方に試してほしい
韓方×発酵酢で毎日元気に！

更年期症状は老化現象のひとつ。しかし、放置すると、複数の疾患を起こす場合があるために積極的な治療が必要といわれていますよね。でも、一つひとつの症状に対応するのは金銭的にも時間的にも労力がかかってしまいます。

私はステージ上でも更年期世代。もちろん、私も更年期症状はあります（ときに暑くなったりする程度ではありますが）。

これは更年期の症状を緩和するために韓国の知り合いから教えてもらった、韓方でできた発酵酢です。韓国では「唐辛子」を意味する「ユ추（コチュ）」に発酵酢を混ぜて、お刺身やサラダと一緒に食べるのが主流。私の場合は大さじ1杯のスプーンに炭酸水を混ぜて飲んでいます。**お酢が好きな人ならば苦ではありません。**

更年期用、ダイエット用、お酒を飲む人用など10種類ぐらいあるのですが、私は更年期用を3本目。

美容仲間のミカリン（エステシャンの高橋ミカさん）にすすめたんです。そうしたら、「お風呂に入る際に飲んだら、滝汗かくよ……」と。

私はお風呂上がりに飲んでいたので、カリスマエステティシャンの言うことを聞いて、試しに入浴前に飲

んでみたら、あまり汗をかかない私でも驚く滝汗。そのあとスッキリします。

　一日に大さじ1杯ぐらいでいいそうです。それを3カ月続けると、私の場合は体質に変化が！　継続って大事ですね。

　平均寿命が100歳時代になった今、女性の場合、閉経以後の人生が約1/3になります。生活の質を高めて、楽しく過ごすためには更年期は決して軽く見過ごす問題ではありません。

miyoko's recommend

#韓方発酵酢　#日本未入荷　#滝汗

118年の歴史を持つジュウォルダン。高宗皇帝の医師であるビョン・ソクホンの5代目から受け継がれてきた歴史と伝統を持つ食品＆バイオ企業。

ヤマブシタケキノコ酢 500mL 30,000 ウォン（ジュウォルダン／ https://www.jwfood.com/）

一日1回、"赤いゼリー"で麺もごはんもなかったことに！

　ダイエットゼリーは星の数ほどあれど、今だかつて、こんなにおいしいダイエット法があっただろうか？って思うほどおいしい"赤いゼリー"。

　私もいろいろなダイエットをしてきました。その中でこのコレオロジーカットゼリーはダイエットしてなくても、ついつい食べたくなるおいしさです。

　するっと快便×血糖値カットをしてくれる**難消化性デキストリン**※に加え、余分な炭水化物をカットするガルシニアを配合しています。

　炭水化物を食べた後に摂取すれば、翌日にはするっと快便に。

　さらにこちら、機能性表示食品ですので、安心して食べられると思います。

　甘さ控えめで飽きないおいしさなのも、妥協なく研究されるブランドならでは。**少量でも腹持ちがよいのはチアシードのおかげ**。

　ダイエットというと、中にはその延長線上で食事の回数を減らす人とか食べないとか、極端なことをする人が多いですが、40代以上の人には私はすすめていません。食べて、痩せるのがいちばんです。

　1カ月で5kg痩せたい人は食べ物だけではなく、運

動もしなきゃね。私はゆる〜く食べながらのダイエットをしたいので、この炭水化物をカットしてくれるゼリーを食べるぐらいがちょうどいいと思っています。

　水がなくてもいつでもどこでも摂ることができるのもポイントです。このまま食べてもおいしいのですが、暑い時期は凍らせるとさらにおいしく召し上がれますよ！

※　整腸作用や食後の血糖および中性脂肪の上昇抑制作用、内臓脂肪の低減作用などの生理機能が注目され、多くの食品や飲料に使用されています。

miyoko's recommend

#ダイエット　#おいしい　#1日1回

炭水化物摂取の後に1袋。ぷるぷるで甘酸っぱい味わい。スティックタイプだから持ち運びも便利。続けられるダイエットNo.1！

コレオロジーカットゼリー 10包 5,160円（FOODOLOGY/ https://www.qoo10.jp/shop/foodology）

紅参<ruby>紅参<rt>こうじん</rt></ruby>を摂取すれば、
徹夜をしても疲れ知らず！

　　韓国のデパートの地下には、ハチミツ漬けの高麗人参(生)が売っています。それを、小さく切って、毎日ひとかじりすると、内側からパワーみなぎって、目がギンギラギンになるんです。

　　病いの母にも食べさせていますが、これを食べると驚くほど元気になります。ただ、これはとても高価でなかなか手に取ることができません。

　　ですので、もっと手に取りやすく、食べやすいアイテムを紹介します。「紅参(こうじん)」です。

　　紅参とは、高麗人参の6年根の皮を剥がずに、長時間かけて蒸気で蒸し、その後、乾燥させた淡赤褐色の人参です。紅参に多く含まれるサポニンは「ジンセノサイド」と呼ばれる種類で、新陳代謝や抗酸化作用、免疫力や抵抗力など高めるといわれています。そのほか、カルシウムや鉄分、マグネシウム、カリウム、亜鉛、アミノ酸、ビタミンB群など、なんと100種類以上もの有効成分をもつといわれる高麗人参(紅参)。これらが体内で補完し合い、大きな健康維持効果を生むと期待されているそうです。

　　その紅参を発酵し、エキスの吸収率を高めたのが**純・発酵紅参プレミアム**です。今では、ソウルの大手

百貨店や免税店でもよく見かけるようになりました。

　とにかく、体内への吸収率が高いため、効きめも早い。**韓国で深夜遅くまで遊んでいても翌日朝から行動できるぐらい、もの凄い効果。紅参は血圧を正常にしたり、不眠を改善させるとも言われています。**何より心身の疲労回復、滋養強壮にもおすすめなので、疲れたときのこの１本が私の定番になっているんです。

miyoko's recommend

#紅参　#高麗人参　#健康習慣

高麗人参の独特な苦味が苦手な方でも無理なく飲める、紅参エキス。一日１本の健康習慣！

純・発酵紅参プレミアム 10g × 30 包 7,000 円（ヒストリーメーカージャパン／http://www.hakko-koujin.jp）

もちろん、
キレイの素も紅参です！

　韓国では、鶏肉の中にもち米と高麗人参、松の実などを詰めて煮込む、「サムゲタン（参鶏湯）」が有名ですよね。日本では「オタネニンジン」という名前で栽培されていますが、韓国に比べたらほんの少し。高麗人参にはカルシウム、亜鉛、鉄、マグネシウムなどの各種ミネラルや、葉酸、ビタミンＢ群、アミノ酸なども含まれているので、韓国人の滋養強壮として有名です。

　また、健康面だけでなく、美容面でも、高麗人参は切っても切れない原料。その高麗人参の中でも希少な紅参を使用したサプリや化粧品は日本でも人気です。

　余談ですが、韓国ドラマって本当にスティックゼリーの宣伝が多いですよね。「えー、なぜこのタイミングで飲む？」っていう場面で、必ずブランド名が映っているシーンが目に焼き付きます。あれって、すごい宣伝効果ですよね（笑）。

　私が好きなのは、高麗紅参、ヒアルロン酸、グルタチオン配合した SSUNSU（スンス）の Beauty ＋ 紅参ゼリーです（ちなみに、よくドラマで宣伝されているのは、正官庄の「紅参精エブリタイム」ね‼）。

　疲れたときは、1日2袋、普通のときは1袋。しかも、

これも、おいしいんです。しかも、ゼリー状になっているので飲む高麗人参よりも食べやすいの。

　本当に即効性があって（あくまでも、私の体感ですが……）、くすんだ肌もパッと明るくなります。肌の透明感キープのために私は摂取し続けています。

#携帯に便利　#紅参　#美容習慣

高麗紅参（紅参）のほか、ヒアルロン酸、グルタチオンを配合。1日1～2包飲めば、内側から明るい肌に。

SSUNSU Beauty+ 紅参ゼリー 14包 6,050円（SSUNSU／https://jp.ssunsu.com）

ガチでむくみに効果があるのは100%のかぼちゃエキス！

美容大国の韓国ではダイエットにはもちろん、<u>美容整形後むくみを早く取るためにかぼちゃジュースやかぼちゃ粥（ホバクジュク）を摂取する習慣</u>があります。

余談ですが、美容整形外科がたくさんある新沙界隈にはおいしいカボチャ粥のお店（P120で紹介）もあるんです！

かぼちゃには葉酸やビタミン、ベーターカロチン、カルシウムなどとにかく栄養豊富！　何より、かぼちゃのアルギニンは体からナトリウム排泄をします。なので、むくみや腫れの軽減をサポートってワケ！

飲むと、確かに利尿作用があるので"あっ、効果あるんだな"という感じはあります。

私は韓国に行くと、ペットボトルにかぼちゃ茶のティーパックを入れて持ち歩き（トイレに行きたくなるから注意ね）、さらに、深夜に辛ラーメンを食べる横には、「かぼちゃエキス」を置いて食べます（笑）。

いろいろなメーカーから、かぼちゃ茶やかぼちゃエキスを出ているので吟味して飲んでみてください。ただし、必ずかぼちゃ<u>100%のものを選ぶ</u>ようにしましょう。味付けのために香料や他のフルーツが入って飲みやすくなったものもありますが、ホバクティーに

はおいしさは求めていません。あくまでも健康のため
や、むくみ改善のために飲むものと考えてください。

　私がよく飲むのはオリーブヤングで購入できる、
Nothing Better のものをよく購入しています。

　ダイエット中で甘い物を控えている方や、ちょっと
小腹が空いたときにもおすすめです。

成熟したかぼちゃを100%採用。体を温めたり利尿作用により体内の水分を排出したり、水
太りによる肥満にも！

Nothing Better ホバクジュース　100mL 3袋 3,000円（本人私物／参考価格）、Luv Tea かぼちゃ茶
15ティーパック 2,733円（本人私物／参考価格）

年齢とともに体内から消えゆくコラーゲンは絶対必須！

コラーゲンは肌にはもちろん、髪、爪から血管、骨にまで体内に存在し、大切な働きをしています。その量は身体のタンパク質の中でも最も多く、体重が50kgの人では約3kgがコラーゲンと言われるんですって。特に肌のハリや弾力に関係する真皮には、約70％がコラーゲン。でも、加齢に伴ってコラーゲンの量と質が低下することは周知の事実。肌のコラーゲン量は60代で20代の半分になるってご存じでした？

美容仲間と昔話した結果、「50代過ぎたら、体内にコラーゲンはないと思ったほうが早いい」という意見で一致しました。それぐらい深刻です。

「ただ、コラーゲンを飲んでも、直接吸収・利用されるわけじゃないんでしょう？」って疑問が残りますよね？　実はそんなことはないんです。**分解過程で生じるコラーゲンペプチドによって、体内のコラーゲン量が増やせることが期待できるんですって。** なので、私は韓国でコラーゲンシェアNo.1の**BB LAB**の**ザ コラーゲンパウダーS**を一日1包飲んでいます。白地にピンクの缶がとても有名ですが、最近、気に入っているのは、ピンク地に紺の蓋のものを選んでいます。とにかくコラーゲンの含有量が多いんです！

1,500mg の低分子フィッシュコラーゲンに、吸収が高まるビタミンC、ヒアルロン酸、17種類の混合乳酸菌などを配合。お水なしでも飲めるのも忘れがちな私には嬉しい限り。これを飲みはじめてから肌の調子も上がっている感じはします。

　さらに欲張りな私はカラダの中からブライトニングケアをしたいので、グルタチオンが配合されたオレンジの蓋の BB LAB の低分子コラーゲングルタチオンホワイトも摂取するようにしています。

miyoko's recommend

#上質コラーゲン　#いつでも摂取可 ────────────

1,500mg のコラーゲン含量。エラスチン・ミルクセラミドなど厳選した美容成分をたっぷり配合。グレープフルーツ味。

BB LAB ザ コラーゲンパウダー S シーズン 2 g × 30 包 3,645 円（本人私物／参考価格）

プロテインたっぷりの
スナック＆シェイクが夜のお供

　私も大の甘い物好き。ダイエット中に限って、どうしてもお腹がすいて、イライラすることってありますよね。何かを口に入れたくて寝れなくなることなんてしょっちゅう。そんなときはプロテインを摂取するようにしています。この本の撮影で、5kg痩せようと決めて2カ月……。結果はマイナス3kg。目標まで到達しませんでしたが、この半年間の夜のお供はプロテインスナック＆ドリンク。韓国に行っては多量に買って帰ってきます。この2つは本当においしくておすすめなんです！

miyoko's recommend

#ダイエット　#プロテイン

右／チョコレート、黒ごま、コーン、栗など全10フレーバー。今までのプロテインドリンクでNo.1のおいしさ。牛乳じゃなく豆乳を混ぜても◎！
コバコバプ プロテインシェイク 各3,900ウォン（ともに本人私物／参考価格）

左／オリーブヤングでいつも購入！
DELIGHT PROJECT プロテインベーグルチップス ベリー＆チェリー、チーズ＆ピーチ 2個で各3,200ウォン（本人私物／参考価格）

5章

ヘルシーな
韓国グルメを楽しむ

ヘルシーでおいしい！
韓国の my 名店、教えます。

韓国でも流行っている
ミナリサムギョプサルはいかが？

　ささ身やむね肉など脂肪が少ない鶏肉はもちろんヘルシーですが、韓国に来たときぐらい、牛肉や豚肉を食べたくなりませんか？　私はごはんなど炭水化物を、夜は抜くようにしていますが、重要なのは"付け合わせ"だと思っているんです。

　あんなにお肉を食べているのに痩せている韓国のセレブたち。もちろん、陰で節制している人もいますが、やはり野菜の消費量が半端ない！　一説には日本人に比べて、年間約2〜3倍の量の野菜を消費していると言われています。

　韓国で流行っていると紹介されたのが、生のセリ（韓国語でミナリ）。春の七草のひとつです。セリに含まれているのは β - カロテンやビタミンC、そして食物繊維がたっぷりなのがうれしい限り。

　焼いた豚バラ肉をのせて食べる……これが絶品。ミナリサムギョプサルのほか、ミナリチヂミ、ミナリチャーハンなど、本当にミナリ（せり）だらけ。食べ終わってしばらくすると、カラダが軽いんです。

　弘大駅から徒歩5分ほど。ひとつ難なのが、人気店にもかかわらず、予約不可のところ。並ぶしかないのですが、おそらくお昼にいけば、並ばずに入れる可能

性もあります。

　韓国に行って、変わったお肉料理を食べたいと思っ
たら、行ってみてください！

#ミナリサムギョプサル　#弘大駅

プルトゥンヌンデジ／풀뜯는돼지

ソウル特別市麻浦区東橋路 32 キル 7

📞 070・8233・1690

🈺 12：00 ～ 22：00　㊡旧正月・秋夕（チュソク）の当日　📷 www.instagram.com/pul__pig

メニュー／ミナリサムギョプサル 1 人前 15,000 ウォン

ヘルシーな韓国グルメを楽しむ

111

焼肉の名店で田舎味噌を使ったテンジャン粥に舌鼓！

狎鴎亭駅（アックジョン）から徒歩10分。韓牛（ハヌ）を売りにしている芸能人御用達の焼肉店「名人トゥンシム」。島山大路沿いにあるお店です。「焼肉なんて1人で行けないよ」って思うかもしれませんが、**ランチ時ならば1人でも入りやすいお店**。もちろん、韓牛も食べていただきたいのですが、私が推したいのは田舎味噌を使った**テンジャン粥（味噌粥）**。通常、テンジャン（韓国味噌）は日本の味噌よりクセがありますが、ここのものは煮詰めていてマイルドでおいしいんです。

miyoko's recommend

#味噌チゲ　#発酵食

名人トゥンシム 狎鴎亭直営店／명인등심

ソウル特別市江南区島山大路 211 , 2F

📞 02・3446・5544

営月～金曜 11：30～22：00（ブレイクタイム 14：30～17：00）、土・日曜 11：30～22：00　休旧正月・秋夕の当日

メニュー / テンジャン粥 7,000 ウォン

アワビや緑豆入りの参鶏湯が絶品なのよ！

———————

　丸鶏の中に高麗人参やもち米などを詰めて煮込む、韓国の伝統料理「参鶏湯」。中から温まるイメージから日本では寒い季節に食べたくなる人も多いと思いますが、韓国では暑い夏に食べるスタミナ料理なんです。高麗人参や、なつめ※など、滋養のつく食材がたっぷり入った参鶏湯は、疲労回復や夏バテ予防、風邪対策にぴったり。こちらはワンドアワビを使った参鶏湯が有名なのですが、甲殻類アレルギーの私は食べらないため、いつも緑豆参鶏湯を食べています。暑いカラダを冷却してくれる効果があり、むくみ予防にもおすすめ。私は緑豆で、韓国の友人はアワビの参鶏湯を食べながら、美容情報を交換するのがお決まりです。

※　煮ている間に鶏の悪い成分を吸収した（参鶏湯の中の）なつめは食べないほうがいいとされています。

#アワビ参鶏湯　#夏バテ予防に ———

眞ジョンボッサムゲタン

/ 진전복삼계탕 압구정직영점

ソウル特別市江南区論峴路 175 ギル 11-103

📞 070・8836・8937　　営 11:00〜21:30

メニュー／ジンジョンボッサムゲタン 30,000 ウォン

コラーゲンたっぷりの
トガニタンを頼んでみて！

　牛の肉、内臓などを長時間煮込む、透明なスープ「コムタン」や、牛の肉、骨を長時間煮込む、乳白色のシンプルなスープ「ソルロンタン」は有名ですが、みなさんは「トガニタン」を知っていますか？　トガニタンとは牛の膝蓋骨とその付近の肉を長時間煮込んだスープのことで、こってりした味わい。

　トガニとは牛の膝軟骨のことをいいます。お察しが付くかもしれませんが、<u>軟骨入りなのでコラーゲンがたっぷり</u>。どれほどたっぷりかといいますと、食べているそばから、唇の"プルプル"になることを感じるほど(笑)。おいしい美容食です。

　ここで紹介する坡州屋（パジュオク）は、牛の足やテールなどを釜に入れて5時間以上じっくり煮込んだソルロンタンや<u>トガニタン</u>のお店。いつ訪れても、店内はアジョシ（おじさん）でいっぱい！

　私の韓国レストランの統計によると、アジョシがたくさんいるお店は、正直キレイとはいえませんが、味が抜群！　ここもそのひとつです。

　ニラのつけダレや自家製キムチ（このキムチも買って帰るほどおいしい！）をトガニにつけて食べると、毎回"あぁ、韓国に来て本当によかった"とため息が

出るほど。

　明洞のお隣り、忠武路（チュンムロ）駅から５分圏内ですので、明洞から歩いても近いですよ。

#トガニタン　#翌日プルプル　#明洞からも歩ける

坡州屋（パジュオク）／파주옥

ソウル特別市中区マルンネ路２キル23

📞 02・2267・6149　　営11:00～22:00　休日曜

メニュー／トガニタン 14,000 ウォン

料理 —— 渡韓の度に食べるものってありますか？

渡韓中、韓定食は必ず
1回は食べたくなります

　渡韓中、一度は食べたくなるのが**韓定食（ハンジョ ンシッ）**です。

　野菜がたっぷりいただけるのでヘルシーだし、テーブルにいっぱいの小皿が並ぶ雰囲気も大好き。日本にはない光景でとにかく圧巻です。

　日本では、定食と聞くと、メイン料理とごはん、味噌汁みたいなイメージがしますが、韓国の「韓定食」はもっと意味があって、宮廷料理も、田舎のおふくろ料理も、韓定食といいます。だから、値段も料理の内容もその店によって異なります。

　コース料理になるので注文は2人前以上が基本（田舎風の韓定食なら1名から受け付けてくれるお店もあり）。

　私がおすすめなのは狎鴎亭にある五味家（オミガ）。お昼に行くと、有閑マダムたちがいっぱい。ここは野菜料理が中心の韓定食。野菜以外にも、チャプチェや焼き魚、ケランチム（卵の茶わん蒸し）、テンジャンチゲなどが並びます。そして、〆には韓定食の定番である**ヌルンジ**が出てきます。ヌルンジは釜や鍋でご飯を炊いたときに、鍋底にできるおこげです。実はヌルンジが大好物。一緒に行く人たちは、おこげを少なくし

て白湯のようにして飲んだり、満腹だからと、見ている人も多いのですが、私は<u>ヌルンジを食べに五味家に行っているようなもの</u>なので、ヌルンジにお湯をかけてお茶漬けのようにスルスル食べます。ここのヌルンジは韓国でも5本の指に入ると思います。消化がいいのでヌルンジは朝食にもおすすめです。最後は甘い韓菓と韓方茶が出ますので、ここにくれば、1日一食でもいいんじゃないの？というぐらい、お腹いっぱいになります！　せっかくの韓定食が、席がないなんてことのないように高級店の場合は予約をして行ったほうがいいですよ。

#韓定食　#狎鴎亭駅

五味家（オミガ）／오미가

ソウル特別市 江南区 論峴路 833

📞 02・543・1145

🈺11：30 ～ 21：30（ブレイクタイム 15：00 ～ 17：00）　🈡旧正月・秋夕の連休

メニュー／石釜韓定食 32,000 ウォン

鶏を丸焼きにした
"焼き参鶏湯"は一度食べるべき！

　焼肉、海鮮居酒屋など、食べ物屋が明け方あたりまで賑わう、論峴洞の食べ物通り（ノニョンドンモクチャコルモッ）。こちらの通りにある、庶民的なローカル色の強いヤヤはまた絶品。

　こちらでいただけるのは、しっとり焼き上げた鶏の丸焼きの中にもち米と韓方の食材がたっぷり詰まっている、"焼き参鶏湯"。塩、辛いコチュジャン、マスタードソースなどを付けて食べるのですが、頬が落ちるほどの絶品。

　鶏の身もパリパリの皮も最高に美味しいこの丸焼きは、韓国でしか味わえない味♡　お店を営んでいるおじさん＆おばさんはすごく愛想がよくて、何度も足を運びたくなる場所です。夜中までやっているので深夜遊び疲れて行っても大丈夫よっ♡

miyoko's
recom

#焼き参鶏湯　#論峴洞

ヤヤ／야야
ソウル特別市江南区江南大路 122 ギル 6
☎ 02・514・7168
営 月、水、金、土　17:00~3:00、火、木~2:30、日~1:00　休 なし
メニュー／オークの薪焼き 19,000 ウォン

江南から車で 30〜60 分にある "山の愛"で癒されて！

——

　韓国の友人に連れて行ってもらったことがあるんですが……、江南から車で 30〜60 分の京畿道龍仁市にあるサンサラン（山の愛）というお店。とにかく山の中にあるのにいつ行っても混んでます。ただ**広い敷地内にはキムチや野菜が売っていて、待ち時間に散策していても楽しく**、なんとなく懐かしいと思う場所なんです。こちらでいただくのは、採れたての野菜を使った山菜の韓定食。化学調味料を一切使わず、自家製の味噌やタレのみで味付けしてるので、どれも優しい味わい。好みの小皿はおかわりも可能です。自然の中で食べる山菜韓定食はカラダも心もデトックスしてくれるから、時間にゆとりがあれば、毎回でも行きたい素敵スポットです!!

miyoko's recom

#山の愛　#山菜韓定食 ————

サンサラン／산사랑
京畿道龍仁市水枝区サムマル路 89 ギル 9
📞 031・263・6080
営 10：40〜20：30　休 なし
メニュー / 収穫した山菜の韓定食 19,000 ウォン

ヘルシーな韓国グルメを楽しむ

美容施術のあとは
"かぼちゃ粥"が韓国の定番です

　むくみを取る以外にも、ビタミンB群と相乗して筋肉や肌の代謝を促してくれる、かぼちゃ。全身をすっきりさせたい方や、とにかく痛みや傷を鎮静させてくれる効果があるので、韓国人は美容施術のあとかぼちゃ粥を食べる傾向にあるそうです。リノボクリニックの美人マネージャー"ユンマネ"から伺ったお店がこちら。

　カロスキルの近くにあり、美容通の中で話題となっているのが、「ウ・ヒョンジュン精米所」。こちらのかぼちゃ粥が絶品！　精米所という名前だけあって、店内で精製したお米（販売もしています）を使っているので、お味は確か！　狎鴎亭の駅からすぐですよ！

miyoko's recommend

#かぼちゃ粥　#鎮静効果　#狎鴎亭駅 ──────

ウ・ヒョンジュン精米所／우형준 정미소
ソウル特別市 江南区 狎鴎亭路 22 キル 10
📞 02・545・5800
㊫ 9：00〜21：00　㊡なし
メニュー／ヌルンジペクスク 35,000 ウォン（2 人前）

韓国に行く際に持参したい！

みよこ手帖

miyoko

本書で
紹介しきれなかったところも含め、
私のとっておきを教えます。

美容

1

◀明洞駅▶

#アートメイク　#眉毛　#アイライン

SIZUKA 皮膚科医院 CLINIC

📍 ソウル特別市中区退渓路 134 ケリムビル 6F

📞 02·776·3677　要予約　💬 sizuka3677

🌐 http://www.sizuka.co.kr/m/jp/

📷 www.instagram.com/sizuka_jp/

2

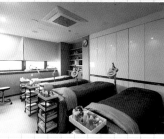

◀新沙駅▶

#韓方　#ニキビ治療
#肌クレーター　#ニキビ跡　#ダイエット

ロダム韓方クリニック

📍 ソウル特別市江南区江南大路 596
　　クドンビルディング 12F

📞 02·3444·7523　要予約

💬 @rodamjp

🌐 https://www.instagram.com/rodamjp/

◀狎鴎亭駅▶

#肌再生　#エクソソーム　#美白　#毛穴　#韓方

メディカルオー

📍 ソウル特別市江南区論峴路 820
　　JC ビル 4F

📞 02·515·1073　要予約

💬 @512biqsz

🌐 https://medicalo.jp/

📷 www.instagram.com/medicalo_japan/

3

4

◀狎鷗亭駅▶
#肌再生　#最新機器　#顔引き締め　#ダイエット

リノボクリニック

📍 ソウル特別市江南区論峴路 841
JB ミソビルディング 5F
📞 02·593·1356　要予約　　　💬 @renovojp
🌐 https://www.instagram.com/renovojp/

5

◀狎鷗亭駅▶
#小顔　#アートメイク　#リフティング効果
#肥満管理

BR エステティック

📍 ソウル特別市江南区狎鴎亭路 42 キル 32 2F
📞 02·543·4309　要予約　　　💬 @867kuyqv
🌐 https://www.instagram.com/br_aesthetic_jp

◀乙支路入口・明洞駅▶
#ラビアン　#ダブロ　#ボトックス
#医療ダイエット

アビジュークリニック

6

📍 ソウル特別市 中区 南大門路 78
イビスアンバサダーソウル明洞ホテル B1F
📞 02·596·0371　（日本人スタッフ常駐）要予約
💬 @Abijoujp　　　🌐 https://abijouclinic.com/jp

VITA - C **13** MASK

○ MERIKIT

◀釜山▶
#美白　#ダブロレーザー　#メディカルエステ　#整形

SHE'S 整形外科

📍 釜山市中区光復路 73
📞 051·710·0788　要予約　　　💬 shesps
🌐 https://www.shesps.com/jpn/

7

グルメ・雑貨

◀論峴駅▶

#焼き参鶏湯　#深夜OK

ヤヤ／야야

📍 ソウル特別市江南区江南大路122ギル6

📞 02·514·7168　　休なし

🕐 月、水、金、土 17：00~3：00／火、木 ~2：30／日 ~1：00

🍴 オークの薪焼き　19,000ウォン

◀弘大駅▶

#ミナリサムギョプサル　#予約不可

プルトゥンヌンテジ／풀뜯는돼지

📍 ソウル特別市麻浦区東橋路32キル7

📞 070·8233·1690　　休旧正月・秋夕（チュソク）の当日

🕐 12：00 ～ 22：00　　🍴ミナリサムギョプサル（1人前）
　　　　　　　　　　　　　　　　　　15,000ウォン

◀鶴洞駅▶

#韓定食　#要予約

五味家（オミガ）／오미가

📍 ソウル特別市 江南区 論峴路833

📞 02·543·1145　　休旧正月・秋夕（チュソク）の連休

🕐 11：30 ～ 21：30（ブレイクタイム 15：00 ～ 17：00）

🍴石釜韓定食　32,000ウォン

◀狎鴎亭駅▶

#かぼちゃ粥　#鎮静効果

ウ・ヒョンジュン精米所／우형준 정미소

📍 ソウル特別市 江南区 狎鴎亭路22キル10

📞 02·545·5800　　休なし

🕐 9：00 ～ 21：00　　🍴ヌルンジペクスク　35,000ウォン（2人前）

◀狎鴎亭駅▶

#味噌チゲ　#発酵食

名人トゥンシム 狎鴎亭直営店／명인등심

📍 ソウル特別市江南区島山大路211，2F

📞 02·3446·5544　　休旧正月・秋夕（チュソク）の当日

🕐 月~金曜11：30~22：00（ブレイクタイム14：30~17：00）／土・日曜11：30~22：00

🍴 テンジャン粥　7,000ウォン

◀忠武路駅▶

#トガニタン　#翌日プルプル　#明洞からも歩ける

坡州屋（パジュオク）／파주옥

📍 ソウル特別市中区マルンネ路2キル23

📞 02·2267·6149　　休日曜

🕐 11：00 ～ 22：00　　🍴 トガニタン　14,000ウォン

みよこ手帖

おわりに

　私の信念として、たとえ仲がいい友人や知り合いの方から紹介されたものでも、自分自身が試してよいと思わなければ、友達やSNSでも一切、紹介しません。だって、「それでは広告みたいじゃない！」って思ってしまうから。

　本書では、私がリアルに"今"愛用しているもの、渡韓の際に必ず訪れる場所を中心に厳選して、（50代〜60代の方や50歳になっていない方でも）誰にでもわかりやすくご紹介させていただいたつもりです。

　韓国に行かなくても、日本で購入できるものがたくさんありますので、気になったものがあれば、手に取ってみてください。そして、みなさんのご意見・ご感想を、私のインスタ（https://www.instagram.com/miyoko.myondon/）にDMをもらえると嬉しいです。

　大人の方におすすめの韓国の美容医療と韓方（ハンバン）については深堀りしたつもりです。美容医療は日本より10年進んでいると言われる韓国ですので、渡韓予定のある方は、韓国の美容医療を試されてもいいかと思われます。また、韓方（ハンバン）は韓国の人の美しさの鍵となるもの。私自身のコンプレックスを払拭できたのも韓方です。韓方は日本の漢方同様、苦くて飲みづらいといったイメージもありますが、今では錠剤になっていたり、スキンケアで補うなど、韓国での"韓方の在り方"も変わりつつあります。ぜひ、韓方のニューウェーブもお試しになって"美容"と"健康"に向き合っていただけたらと思います。

　最後に、この本を作ってくださった徳間書店とスタッフの方々に心より御礼を申し上げます。そして、本書を発売するにあたり、コメントを書いてくれた"メグ"ことMEGUMIさんをはじめ、優しい目で見守ってくれる友人たち、いつも韓国美容の情報を共有してくれる韓国の友人にも感謝の気持ちでいっぱいです。

　そして、本書を手に取り、最後まで読んでいただいた皆様……本当にありがとうございました。みなさんの韓国美容のお役に立てたらうれしい限りです。これからもあらゆるメディアで、私のときめく韓国について情報を発信していこうと思います。

또 만나요（また会いましょう）

みよこ明洞

みよこ明洞

instagram

BLOG

1967 年 6 月 23 日生まれ、東京都出身。
バラエティー番組『魔女たちの 22 時』（日本テレビ）に、「韓国に通い 10 kg 以上ものダイエットに成功した魔女」として出演したのをきっかけに、韓国韓方茶・韓国コスメをプロデュース。
パンデミック前の 2020 年 2 月までは毎月韓国を訪れ、韓国ソウルの王道から穴場まで自身の足と目で情報を発掘し続ける。2023 年 3 月から渡韓を再開。
キレイ・美味しい・楽しいおすすめスポットをアメブロや Instagram で配信し続け、韓国ファンや韓国美容ファンから支持される。日本の女優やタレント、モデルなどを韓国にアテンドするほど信頼の置けるスペシャリストで、仲間からは“韓国通”と呼ばれている。テレビやラジオ、雑誌などのメディアにも多数出演。某ショッピング番組では韓国コスメで 2 億円以上のセールスを記録も！
現地で話題の韓国コスメや、日本未入荷のアイテム、クリニック専売コスメなどを実際に試し、紹介するインスタライブは大きな話題となり、翌日には完売することも！
またこの韓国美活インスタライブをきっかけに N H K カルチャーの公開講座「実況・韓国美容最前線」の講師としても活躍中。

最新の“美しき韓国”を知る
韓国美容で12歳若返る

2023 年 10 月 31 日　初版第 1 刷発行

著　者　みよこ明洞

発行者　小宮英行
発行所　株式会社 徳間書店
　　　　〒141-8202　東京都品川区上大崎 3-1-1
　　　　目黒セントラルスクエア
　　　　電　話　編集：03-5403-4350
　　　　　　　　販売：049-293-5521
　　　　振　替　00140-0-44392

印刷・製本　株式会社 広済堂ネクスト

編集・企画──橋本優香
装丁・本文デザイン──祝嶺佳代
撮影──片岡 祥
イラストレーター──コマツコハル（832design）
ヘア──GUNHEE（GUNHEE TOKYO）
メイク──JINA（GUNHEE TOKYO）
DTP──中井正裕